《中国诚信文化》书刊社

社　长	张德伟
总编辑	王运声
常务副社长	王艳昌
副社长	郑焰巍　吴成弟　谢忠法
副总编辑	刘新平
编辑部主任	赵乙泽
编辑	魏威
办公室主任	姜凤　刘美佳
秘书	李瑞国　杜承
联络员	和鑫浠　李海玲　樊文娜

中国社会主义文艺学会诚信文化研究院

执行院长	张德伟
常务副院长	王艳昌
副院长	杜东桂　宗西磊
秘书长	刘美佳
副秘书长	姜凤　卢特
浙江分院院长	吴成弟
副院长	谢忠法

封面题字	易运和
责任编辑	魏安莉
美术编辑	王紫华

出版发行：群众出版社
地址：北京市方庄芳星园三区 15 号楼　邮政编码：100078
经销：新华书店　印刷：北京普瑞德印刷厂
版次：2017 年 9 月第 1 版　印次：2017 年 9 月第 1 次
印张：4　开本：880 毫米 ×1230 毫米　1/16
字数：120 千字
书号：ISBN 978-7-5014-5735-9
定价：20.00 元

投稿联系方式
电话：010-67093701　13522408840
通信地址：北京市东城区广渠门南小街领行国际中心 1 号楼 2 单元 303 室
诚信文化研究院
邮政编码：100061　投稿邮箱：zgcxwh@126.com

图书在版编目（CIP）数据
中国诚信文化. 2017 年. 第 3 辑／中国社会主义文艺学会诚信文化研究院编. — 北京：群众出版社，2017.9
ISBN 978-7-5014-5735-9
Ⅰ. ①中… Ⅱ. ①中… Ⅲ. ①品德教育-研究-中国
Ⅳ. ① D648
中国版本图书馆 CIP 数据核字 (2017) 第 211768 号

本社图书出现印装质量问题，由本社负责退换
版权所有　侵权必究

中国诚信文化
ZHONGGUO CHENGXIN WENHUA

中国社会主义文艺学会
公安部华盛音像出版社　**主办**

中国社会主义文艺学会诚信文化研究院　**协办**

2017 年第 3 辑（总第 3 辑）

《中国诚信文化》顾问委员会

总顾问
贺敬之

顾问
张平　梅兆荣　高洪波　李正忠　祝东力

《中国诚信文化》专家委员会

委员（以姓氏笔画为序）

尤福初	石英	叶为宝	刘树根	朱义怀	关向应
吴高盛	吴建平	李存捧	李迪	李玉忠	杜元明
肖建国	肖正国	余进军	陈洪宜	陈顺初	杨东霞
杨建青	易运和	易剑波	贺友龄	费远	胡红湘
赵德印	徐文海	郭文丽	阎蒙立	葛行军	温焕宝
彭年贵	雷达	潘光政			

《中国诚信文化》编辑委员会

主任
王运声

副主任
张德伟　易孟林　王艳昌　吴成弟

编委（以姓氏笔画为序）
刘彤　杜东桂　郑焰巍　翟树理　魏安莉

特约编委（以姓氏笔画为序）
李晓重　陈先岩

中國誠信文化
ZHONGGUO CHENGXIN WENHUA

动态资讯

4 《习近平：金融安全是国家安全的重要组成部分》等十则

特稿

中国诚信文化第三次研讨会专辑

6 政府的职能与公民的民事权利
　　——从欠债不还说起／吴高盛
9 诚信是社会主义核心价值观融入企业文化的最重要元素／王运声
11 依法打击金融犯罪　助力诚信中国建设／刘树根
13 诚信的力量与催收的价值／易孟林
16 我对诚信的若干思考／王艳昌

诚信调查

18 质量诚信永远在路上
　　——中国质量诚信体系建设20年备忘录／辛平

专题访谈

29 人民军队的大诚与大信
　　——专访中国军事文化研究会会长程宝山中将／刘新平、范箭鸣、相振华

学术研究

34 法学视野中的诚信建构／李仕杨

诚信人物

38 企业家是企业诚信建设的核心
　　——中国企业联合会、中国企业家协会常务副会长朱宏任访谈录／刘彤

《中国诚信文化》征稿启事

《中国诚信文化》是文化部中国社会主义文艺学会、公安部华盛音像出版社主办，文化部中国社会主义文艺学会诚信文化研究院协办的全国性诚信文化核心读物（每季一辑）。宗旨是"弘扬诚信精神，建设诚信中国"。设16个栏目。

栏目	栏目定位
1. 特稿	阐述本读物重要观点
2. 动态资讯	及时报道最新高层动态、各地诚信要闻，传播立法、执法、司法等诚信信息等
3. 专题访谈	独家策划，对社会各界人物就诚信文化理论与实践问题访谈
4. 学术研究	社会各界对诚信文化进行研究的最新学术成果、建言献策文章，突出建议性
5. 诚信人物	讲述各地诚信人物的心路历程和故事
6. 诚信调查	深入一线，对社会诚信进行深度报道，探寻事实真相
7. 政务与诚信	就政府各机构的先进诚信经验进行采写
8. 法治与诚信	对现实的诚信案例进行法律解说；用法治故事，普及诚信文化
9. 企业与诚信	知名企业家谈企业与诚信；大中小企业诚信文化的商战案例
10. 诚信文学	诚信题材的散文随笔、诗歌、纪实文学、微小说等原创作品
11. 诚信艺术	诚信题材的书法、绘画、漫画、摄影等
12. 诚信史话	讲述历史上中外诚信人物和重要事件，突出知识性
13. 域外诚信	介绍世界各地诚信文化建设状况
14. 封面人物	每辑重点文章人物介绍
15. 诚信名言	诚信文化的名言警句，突出警示性
16. 诚信文化论坛	针对当前社会诚信突出问题，从文化角度进行探讨交流

投稿注意事项：

1. 稿件标准：经验稿件要有创新性和可推广价值；理论稿件要紧扣诚信中国建设，学术性强，观点鲜明；文艺稿件要既要紧扣诚信主题，又要有艺术感染力。

2. 经验稿件须加盖本单位公章，请勿一稿多投。

3. 作者须提供与稿件有关的图片，图片规格为jpg格式，2M以上；论文需提供作者照片（jpg格式、1M以上），以及作者简介（100字以内）。

4. 稿费标准：原创作品100~300元/千字；摄影作品10~50元/每幅。

联系地址：北京市东城区广渠门南小街领行国际中心1号楼2单元303室《中国诚信文化》编辑部

邮编：100061　　邮箱：zgcxwh@126.com

联系人：姜凤　电话：010-67093701　手机：13522408840

《中国诚信文化》编辑部
2017年1月

2017年《中国诚信文化》征订单

　　《中国诚信文化》是文化部中国社会主义文艺学会、公安部华盛音像出版社主办,文化部中国社会主义文艺学会诚信文化研究院协办的全国性诚信文化核心读物(每季一辑)。宗旨是"弘扬诚信精神,建设诚信中国"。自2017年1月起正式由公安部群众出版社向全国公开出版发行。16开本,64页码,双色印刷。

名　　称	每辑定价	2017年4辑订阅价	份　　数	合计金额(小写)
中国诚信文化	20.00元	80.00元		
合计金额(大写)			经办人	
订购单位全称				
订购邮寄地址				
收件人姓名			邮政编码	
联系电话				

说明:以上空白处由订户填写,邮寄(传真)或随银行汇款凭证转至:中国社会主义文艺学会诚信文化研究院。

订阅《中国诚信文化》银行汇款至

户　　名:北京信诚德邦文化交流中心(有限合伙)

开户行:中国工商银行股份有限公司北京广渠门支行

账　　号:0200 2974 0920 0028 059

中国社会主义文艺学会诚信文化研究院

地　　址:北京市东城区广渠门南小街领行国际中心1号楼2单元303室

邮　　编:100061

联系人:姜凤

电　　话:010-67093701　　13522408840

目 录
CONTENTS

政务与诚信

40　政务诚信建设不可忽视诚信的二重性／吴伊心

法治与诚信

43　刑事诉讼领域的司法诚信现象研究／焦珂

企业与诚信

47　央行副行长陈雨露：坚持三大原则发展征信市场／萧琉

诚信文学

50　吃打虫药拉金条／李迪
52　与家与国"不忘初心"
　　　　——从古人两则诚信故事所想到的／孟向荣

诚信史话

54　儒家对"信"的释义／张梦思

域外诚信

59　美国征信法律变迁的启示／杨光

诚信漫画

　　封二　诚信漫画／丁丁
　　封三　中国诚信文化第三次研讨会在内江召开
　　封四　百丈苍山依暮寒／于志刚

封面人物：中国军事文化研究会会长　程宝山中将

习近平：金融安全是国家安全的重要组成部分

日前，中共中央总书记习近平在主持中共中央政治局就维护国家金融安全进行第四十次集体学习时强调，金融安全是国家安全的重要组成部分，是经济平稳健康发展的重要基础。维护金融安全，是关系我国经济社会发展全局的一件带有战略性、根本性的大事。金融活，经济活；金融稳，经济稳。必须充分认识金融在经济发展和社会生活中的重要地位和作用，切实把维护金融安全作为治国理政的一件大事，扎扎实实把金融工作做好。

习近平还要求有关部门要加强信贷政策指引，鼓励金融机构加大对先进制造业等领域的资金支持，推进供给侧结构性改革。要提高领导干部金融工作能力，领导干部特别是高级干部要努力学习金融知识，熟悉金融业务，把握金融规律，既要学会用金融手段促进经济社会发展，又要学会防范和化解金融风险，强化监管意识，提高监管效率。

摘自：中国政府网

中宣部、最高人民法院召开"推进诚信建设制度化 培育践行核心价值观"现场交流会

中宣部、最高人民法院近日在江西南昌召开"推进诚信建设制度化 培育践行核心价值观"现场交流会，强调要深入学习贯彻习近平主席系列重要讲话精神特别是关于社会主义核心价值观建设的重要论述，着力增强全体公民的诚信意识，着力推进诚信建设制度化、规范化、长效化，形成诚信光荣、失信可耻的社会氛围。

会议交流了江西"法媒银·失信被执行人曝光台"的经验做法。近年来，江西省把社会主义核心价值观同江西改革发展实践紧密结合，以诚信建设和法治建设为突破口，针对道德领域突出问题和法院执行难问题，推动本省法院、媒体和银行共同建立"法媒银·失信被执行人曝光台"，已取得显著成效。

摘自：《人民法院报》

733万失信人限购机票 失信联合惩戒机制显成效

日前，国家发展改革委财政金融司副司长陈洪宛透露，全国目前累计公布失信被执行人761万例，限制733万人次购买飞机票，限制276万人次购买列车软卧、高铁票，限制84万人次购买动车一等座，截至2017年5月，仅工行一家就拒绝失信人申请贷款涉及金额84亿元。

"在多个重点领域构建守信联合激励和失信联合惩戒机制，可提高失信的成本，形成更倾向于鼓励高诚信用的制度条件。"陈洪宛说。

摘自：新华网

事业单位应聘人员违纪违规拟入诚信档案库

日前，人社部制定了《事业单位公开招聘违纪违规行为处理规定》，并向社会征求意见。该规定明确：应聘人员违纪违规的，视情形分别给予取消其本次应聘资格、当次该科目考试成绩无效、不予聘用或者解除聘用合同等处理，并将其违纪违规行为记入事业单位公开招聘应聘人员诚信档案库。

据悉，违纪违规行为和处理办法主要分为三种类型，另外两种情况是，招聘单位或者招聘服务机构在公开招聘中有违纪违规行为的，事业单位主管部门或者事业单位人事综合管理部门应当责令纠正，情节严重、影响恶劣的，依法追究单位领导人员和相关负责人员的责任；对于参与公开招聘的机关事业单位工作人员或者招聘服务机构工作人员等有违纪违规行为的，事业单位主管部门或者事业单位人事综合管理部门依法给予处分；构成犯罪的，依法追究刑事责任。

摘自：《新闻晨报》

中国首届"信用价值产业链发展展览会"在成都召开

近日，"中国首届信用价值产业链发展展览会"在成都召开，世界和平发展基金会理事长、世界华人工商促进会总会会长李农合，现任香港中文大学最高学术级别教授、全球杰出经济学家郎咸平等来

自全国各行业的专家、学者、企业家代表共800余人参加了本次会议。

这场大会标志着信用+金融在社会经济发展中即将成为引流财富，创造价值的下一个风口，提升了"信用"在金融业内的地位，打造了商企发展的新模式，从而对中国的信用体系建设贡献出了巨大的力量。

摘自：光明网

科研诚信建设联席会议第六次会议在京召开

2017年6月5日下午，科研诚信建设联席会议第六次会议在科技部召开，专题研究处理论文造假工作。众多专家学者参加会议，科技部诚信办相关人员列席会议。

会议贯彻党中央、国务院领导关于近期国际期刊集中撤销中国作者论文事件的指示精神和国务院专题会议部署要求，听取了科研诚信建设联席会议办公室关于集中撤稿事件应对工作汇报。卫生计生委、军委科技委、教育部、中科院、工程院、自然科学基金会、中国科协等部门介绍了对撤稿事件调查处理情况。会议要求进一步做好彻查和处理，真正做到"零容忍"，杜绝论文造假现象，坚决遏制学术不端行为蔓延势头。

摘自：人民网

中央网信办举办第三届网络诚信宣传日活动

由中央网信办主办的第三届全国网络诚信宣传日活动于近期在全国范围内启动。

在"共铸诚信 清朗网络"主题论坛上，中央网信办网络社会工作局相关负责人表示，举办第三届网络诚信宣传日活动，旨在深入贯彻落实中央关于社会信用体系建设和网络诚信建设制度化重要指示精神，集中宣传网络诚信理念，进一步凝聚全网全社会共识，营造网站依法办网、网民诚信用网的浓厚氛围。主题论坛围绕网络诚信制度设计、行业诚信自律、网站诚信实践以及网民权益保护等子议题进行。

摘自：中国网信网

中国信用体系建设促进工程启动

在国家发展改革委财金司指导下，由中国信息协会信用信息服务专委会联合相关单位牵头发起的中国信用体系建设促进工程近日在京启动，中国追溯专用域名公共服务平台同时对外发布。

据中国信息协会会长何翠芹介绍，这一服务平台实施"企业、追溯系统、专用域名"三位一体的实名认证机制，对追溯专用域名申请主体按照资质条件严格审核，通过"身份唯一、专属域名、实名认证"的域名注册管理机制实现追溯系统及产品"易识别、易追溯、易管理"，从而构建起追溯系统信用鉴证体系；并面向全社会提供开放服务，为各类追溯系统提供权威、专用、易识别的域名注册解析服务和追溯系统信用验证鉴证服务。公众可通过专用域名快捷识别产品真伪。

摘自：法制网

《中国青年诚信建设新探索》新书在京发布

日前，第七届中国社会治理论坛在北京举行，《中国青年诚信建设新探索》一书在论坛发布，共青团中央书记处第一书记秦宜智应邀为本书作序。

《中国青年诚信建设新探索》一书是青年信用体系建设理论研究和实践经验的集中呈现，由国务院研究室原主任、北京师范大学中国社会管理研究院／社会学院院长魏礼群教授主持编写，并纳入北京师范大学社会治理智库丛书，由中国言实出版社出版。

摘自：《中国青年报》

四川内江：中国诚信文化第三次研讨会召开

2017年7月29日，由中国社会主义文艺学会、华盛音像出版社等联合主办的中国诚信文化第三次研讨会在内江召开。

会议就政府的职能与公民的民事权利、诚信是社会主义核心价值观融入企业文化的最重要元素、依法打击金融犯罪助力诚信中国建设、诚信的力量与催收的价值、诚信推动企业发展等诚信文化有关议题进行了认真研讨。

文／《中国诚信文化》编辑部

政府的职能与公民的民事权利
——从欠债不还说起

中国诚信文化第三次研讨会专辑

文／吴高盛

一、政府职能

政府有广义、狭义之分。通常我们说的政府是狭义的，即国家行政机关。政府的职能主要是指国家行政机关依法对国家和社会事务进行管理时应承担的职责和所具有的功能。政府职能具有以下特点：

一是广泛性。政府职能涉及国家的社会、经济生活的各个方面，根本目的是为社会成员和阶层提供普遍的、公平的公共服务。

二是法定性。宪法和法律规定了政府职能的边界，政府的一切活动都要在宪法和法律的范围内进行。

三是强制性。行政机关作为公共服务的提供者和经济的社会管理者，以国家强制力为后盾，它与被管理者在行政法律关系上是不平等的，行政相对人不得阻碍政府职能的正常行使，如果被管理者不履行行政法律规定的义务，行政机关可以直接或者申请法院强制其履行义务。

四是扩张性。政府职能是变化的，经济社会的发展，特别是市场经济条件下市场关系、生产力要素，人与自然的关系等发展变化和演变，公共事务、公共问题日益增多且日益复杂，公众需求的日益个性化、多样化，政府承担了越来越多的职能，并逐渐扩展至社会各层面，行政职能呈现不断扩张的形态。

二、市场经济主体与政府职能

市场经济有四个特点，第一个是平等，包括权利平等、机会平等和规则平等。第二个是自由，人身自由，意思表示自由，意志自由，干不干、怎么干、多少钱干，实际上是自己来决定。第三个是协商，条件也好、价格也好，是双方当事人协商的结果。第四个是诚实信用，这是市场经济的基础，核心的价值，当事人之间定了合同，就有义务去严格遵守，违反合同，就要承担相应的违约责任。

在市场经济条件下，要正确处理政府和市场的关系。政府的主要职能是为市场主体提供包括交易规则、市场秩序、竞争环境、资源环境保护、劳工保护、社会救济等公共服务，并运用行政权力保障所提供的公共服务对所有的市场主体一视同仁，不被破坏，从而使市场经济得以正常运行。简单地说，政府和市场主体的关系是：你开业，我登记；你营利，我收税；你破产，我同情。市场主体只要依法经营，政府是不过问的，市场主体之间在经营中发生债权债务关系，原则上政府没有义务来承担，多是当事人通过相互协商、和解、调解，或者仲裁诉讼来解决。也即属于政府的由政府来管，属于市场的由市场来管。这是市场经济的原则。

三、民事权利与政府职能

民事权利是民事主体依法享有并受法律保护的利益范围，是民事主体实施还是不实施一定行为的选择权。民事权利受到侵害时，权利主体有权请求国家机关予以救济。

债权是一种民事权利，通常人们口头说的"债"，多是指债务人应当向债权人支付的一定数额表示的货币，即金钱。债权人可以请求债务人偿还债务，当债权人的请求权不能实现时，债权人可以请求国家机关予以救济。

目前现实中的欠债可以分为恶意欠债和非恶意欠债。

恶意欠债是指主观上故意采取各种方法和手段把别人的财物占为己有，或者供自己使用。恶意欠债大都与违法犯罪有关，如坑蒙拐骗、假冒伪劣、非法集资、商业欺诈、网络诈骗等。对于恶意欠债，特别是坑蒙拐骗、假冒伪劣、非法集资、商业欺诈、网络诈骗等违法或者犯罪行为，国家和政府要加强监管，严厉打击，依法惩治，切实保护公民法人的合法权益。

非恶意欠债多是指在正常的借贷关系或者经营活动中由于某种原因难以按照约定的时间或者条件偿还他人的债务。对于非恶意欠债，可以通过和解、调解、仲裁、诉讼等方法来解决。还可以通过破产程序来维护债权人和债务人的利益。破产，是指当债务人的全部资产无法清偿到期债务时，债权人或者债务人通过一定法律程序向人民法院提出破产申请，将债务人的全部资产按照一定原则和比例公平偿还债务，并免除债务人不能清偿的其他债务，从而使债权人和债务人的利益都得到保护。我国已于2006年制定了适用企业法人的企业破产法。自然人的破产制度还未建立，可以通过清算程序来了结债权债务。

近些年，借助互联网技术，通过互联网+和解+调解+销债商城等创新模式成立的解决债权债务关系的一些公司，也对解决债权债务问题起到了积极作用。这类公司不同于以往的"讨债公司"，而是有着自己的特色解决债权债务关系的市场组织。一是依法依规"讨债"，讨债行为依法依规进行，不做法律不允许的事。二是人员素质较高，不仅熟悉法律，而且有一定阅历，与债权人债务人讲人情、讲道理、讲国法，沟通互动相当专业。三是辅之一定的信息技术手段，实现债务互换、互抵，债务与实物置换，创设销债商城等。不失为一种销解债权债务关系的有益有效的市场主体。

四、政府对债权债务关系"管还是不管"

政府对市场主体在经营中产生的债权债务关系，原则上没有管的义务,即经营风险由市场主体自己承担。从政府的职能来说,主要是为市场主体提供公共服务,保证正常的市场秩序。虽然我国已经确立了市场经济体制,但是市场经济体制还在不断完善之中,政府为市场经济体制提供的公共服务还不尽如人意,有些改革措施还不到位,政府为市场主体的服务还有很大的改进空间,在经济转轨期间,对于市场经济主体之间的一些债权债务政府还不能完全置身事外,不能完全不管。现实中,政府对一些经济活动,甚至一些灰色的经济活动,有意无意地介入其中。例如,一些地方的非法集资、高额揽储、变相传销等,通过地方电台、电视台等政府媒体进行宣传,人民群众出于对政府媒体的信任,再加上急于求富的心理冲动,盲目相信天上掉馅饼,结果掉入陷阱。事情闹大了,违法犯罪了,政府才出手,打击处理,有的把违法犯罪组织者也抓起来了,上当受骗的群众的财产损失却无法挽回或者无法完全挽回。虽然说群众上当受骗是自己的行为,损失应当由自己承担,政府没有赔偿经济损失的法律义务。但是,对于政府来说,在市场经济条件下,政府要行使公共服务、市场监管、社会管理等职能,要为市场经济主体提供正常的经济秩序和良好的经营环境。在当前,我们不能苛责政府各方面都要做得尽善尽美,政府工作存在这样那样的不足也是事实,但是政府和相关主管部门,对于经济活动,特别是对于市场秩序、竞争环境等要过问、要重视、要关心、要关注,要作为社会问题纳入政府工作日程,要研究动向和发展趋势、要发现苗头,"治未病",把经济违法违规活动扼杀在萌芽状态。否则,亡羊补牢,虽未晚也,但很被动,损失很大,影响很坏。例如多年来存在的电信诈骗,直到发生徐玉玉案才正式布置严厉打击;再如民间存在的高利贷问题,在聊城辱母杀人案发生后才真正引起重视;还有近期广为关注的涉及传销非法集资的"善心汇",更是发展到拥有百万之众才对其处理。政府的管理不能是运动式的,应当抓早抓小,抓苗头,见事早。政府的媒体对市场经济主体活动的报道宣传要慎重,不能误导群众。像"善心汇"这样百分之十几、百分之几十回报率的说辞,完全有违金融常识,我们的媒体不能盲从,不能推波助澜、不负责任,更不能只讲自己的经济效益,而不讲媒体的社会责任和社会效益。

市场经济条件下,由于市场主体本身追求经济利益的本质,决定了市场有自身的弱点和消极性。为了弥补市场的缺陷,需要国家制定法律,并要求市场主体依法经营,诚信经营。政府需要运用行政权力,保证和促使市场主体遵守法律,诚信经营,并对违反法律、不讲诚信的市场主体进行教育和处理,维护正常的市场秩序。要做到这一点,政府就不能置身市场之外,要担负起监督市场正常运行的责任,并及时发现和处理侵害他人利益的行为,最大限度地减少市场主体的消极面。因此,有效的政府一定是一个能够及时关注市场,及时发现和处理违法违规、侵害和损害他人利益行为的政府,不论这些行为是冠以"创新"还是"改革"的名义。政府要像重视社会稳定一样重视市场经营活动,不给违法违规者以可乘之机,使蒙骗群众的违法违规行为没有市场。我们期待着政府和政府有关部门,在这些方面下功夫,有大的作为,有过细的工作,有敏锐的眼力,有快捷的反应,提高对市场的治理能力和管理水平,从而达到净化市场,减少所谓的"债权债务",而不能仅仅停留在要求群众提高防范能力,提高鉴别能力,不要贪图小利,防止上当受骗的层面上。诚信

(本文作者系全国人大法工委立法室原主任)

特稿

中国诚信文化第三次研讨会专辑

诚信是社会主义核心价值观融入企业文化的最重要元素

文／王运声

我就诚信这个主题谈几点感受。

第一，我认为诚信是社会主义核心价值观融入企业文化的最为重要的文化元素。企业做到这一点，就能够生机勃勃，事业蒸蒸日上。我希望在座的所有企业家们，都能够带领你们的企业，高举诚信大旗，携手向前，昂首阔步在社会主义经济发展的康庄大道上。我期待你们成功的消息。

最近我读了一本书——《习近平党校十九讲》，其朴实无华，都是大实话，读起来很亲切。习近平主席于2009年3月1日在中央党校春季学期开学典礼上指出："大量事实说明，有德才有得，有诚才有成，做官先做人，从政先立德。"（见《习近平党校十九讲》第112页）习主席讲的是为官之道要讲诚信，作为面向社会大众的经商企业更应该视诚信为企业文化最重要的核心价值观，是企业践行社会主义核心价值观的重中之重。对于诚信建设，这些年来党和政府做了哪些工作，可能很多人都不一定知道，《中国诚信文化》季刊第三期编辑了一篇稿件，叫作《诚信建设一直在路上——中国质量诚信体系建设20年备忘录》，文章选择产品质量不诚信的系列大案、要案为切入口，回顾了20年来党和政府、企业和执法机关为维护企业产品质量诚信，做出的不懈努力，罗列了党和政府为构建质量诚信体系作出的决策、下发的文件、组织的活动，等等。不看不知道，一看吓一跳，党和政府、企业和执法机关为构建社会主义诚信体系，做了许多实实在在的工作，已经产生了实实在在的效益，对重构我国质量诚信体系起到了巨大的推进作用。下一期，我们还将对国家20年来政务诚信建设作一个系统回顾。我们今天在美丽富饶的内江市，与广大企业家、政府官员、司法执法人员共聚研讨诚信文化，也是为我国诚信体系构建做着实实在在的努力。

说到诚信，不由得想起了反腐败工作。十八大以来，党中央重拳出击，以高压态势持续依法惩治贪腐违法犯罪人员，对不讲诚信，不守党纪国法，不讲道德，不讲规矩的高级干部，坚持惩治腐败零容忍，极大地纯洁了党的干部队伍，确立了选拔领导干部的风向标，给国泰民安、正纪正风开辟了全新的思想风貌，带来了强党强国的良好政治生态环境。

第二，我想对不诚信导致企业身败名裂的现象作一点曝光。前两天，我从最高人民法院执行不诚信人员名单公示网上查看欠钱不还的老赖们的曝光信息，发现不诚信的企业家还大有人在。就以我们四川为例，被曝光的老赖企业"光荣上榜"的多达124家，它们为什么赖账？就是因为没有法治观念。这些老赖企业赖账的"理由"完全站不住脚：有借他企巨资赖着不还的，有拖欠银行贷款的，有欠客户服务费的，有欠打工者劳务费的，有不付停工造成损失费用的，有欠工程费、运费的、还有不履行担保义务的，等等，多则上千万，少则几千元，总之是拒不执行法院判决，很不情愿清偿债务。这样的老赖，不是四川"特产"，重庆、上海、山东、江苏、陕西等省、市、自治区都"网上有名"。对于这些不讲诚信，不要颜面的老赖，就是要挂在曝光栏里亮亮丑，让他们尝尝违法赖账的苦果。相信有正义感的人，都希望司法机关有更加严厉的法律手段来治理老赖。我认为对老赖们必须依法惩办，对那些久拖不还，理直气壮的老赖们绝不能手软。不然我们良好经济秩序还怎么形成？中国的经济还怎么发展？

最近我们接到中国法学会一个重点研究课题，将德治融入法治宣传，我闭门造车提出一个研究思考提纲，提纲集中到两个字就是如何弘扬"道德"。一个国家、一个企业、一位公民，如果没有起码的道德观念，没有立国、立企、立人的基本道德品质，谁敢与这样的国家、企业、个人打交道？！这样不讲诚信的单位和个人，既不会有真正的朋友，也不可能大富大贵，注定的前途就是孤家寡人一个！诚信说到底就是道德问题，无德再有才也是个不能够造福社会和人民的废物。中华民族具有深厚的道德底蕴，以德立人，以德待人，以德服人，以德育人，是中华民族延续五千年的优秀美德，以德治国在中国已经实践了几千年。十八届党中央审时度势，把道德理念提到了治国安邦的新高度，提出要构建诚信政府、诚信社会，这些主张顺民意、合民心，是继承发扬中华优秀文化传统的举措，也是实现中国梦的根基所在。

第三，我想就金融风险的防控和境内企业外流出国投资的问题谈点个人认识。最近，国家发改委新闻发言人在一次新闻发布会上，对海外投资房地产、酒店业、影城娱乐业、体育俱乐部等领域非理性投资给予关注，建议企业审慎决策。据有关方面透露的信息，中国境内投资者，2016年向海外投资达到高峰，全年共投资1071亿美元。今年上半年，又有境内企业向全球145个国家和地区的3975家境外企业进行非金融性投资，今年虽然比去年同期下降了45.8%，投资金额依然达到481.9亿美元。该不该去国外投资，投什么资，那是经济学家们研究的课题，我无资格评价。但是，只要是具有中国公民身份的企业家，首先要把国家利益放在首位，只要有利于国民经济发展的，你尽管大胆地投资发展，如果不利于国家总体经济发展，就不能仅仅为追求企业利益而一意孤行。你的钱是伴随中国经济腾飞而挣的，越是有钱越要为国家分忧出力。有国才有家，国家强盛我们才能扬眉吐气。我想有民族感的企业家一定会很好地把握分寸的。

其实我借这个投资现象是要引出后面的话题：企业如何防控金融风险？怎样为防控风险做些力所能及的努力？前不久，中央召开了全国金融工作会议，习近平主席在会上作了重要讲话，科学地阐述了我国金融改革发展稳定中的重大理论和实践问题，为做好新形势下的金融工作提出了切实可行的系列举措。全国金融会议精神正在学习领会贯彻落实之中。最高人民法院院长周强，7月24日在最高人民法院党组会上部署各级人民法院，要认真学习、深刻领会习近平主席的重要讲话精神，围绕服务实体经济、防控金融风险、深化金融改革三项任务，充分发挥司法职能作用，为维护国家金融安全，促进经济和金融良性循环、健康发展提供有力司法服务和保障。我注意到，已经有地方法院作出服务和保障的工作计划。这对我们企业家来说是一个大大的福音。我们每一位企业家都应该认真读一读总书记的讲话，了解一下我们周边可能存在的金融风险，及时采取有效措施，使自己的企业远离金融风险。

债无忧公司所作的化解企业双方债务的思路，对于一定范围调控金融风险具有实质意义。企业清理债务的目的是放下债务包袱，轻装上阵促生产、促发展。从全局考虑这项工作很有意义。企业清理了债务，没有经济负担，就不会去向企业拆借，就不会寻找非正常金融机构贷款，也就不会干扰国家的金融政策和金融秩序。我想，如果我们在座的企业领导都能够做到这一点，我们就在为国家调控金融风险做贡献。因此，我们应该携起手来，共同为维护国家的金融、经济秩序积极努力。诚信

（本文作者系最高人民法院咨询委员会原秘书长）

特 稿

中国诚信文化第三次研讨会专辑

依法打击金融犯罪 助力诚信中国建设

文／刘树根

诚信是中华民族的传统美德，是中华优秀传统文化的重要内容。诚信是人们在社会活动和经济交往中必须遵循的最基本的行为准则之一，是一个社会正常运作的重要基础。惩治失信，弘扬守信是公安机关义不容辞的责任。当前互联网时代伴随的新型金融犯罪隐患巨大，侵害金融市场的健康发展，必须高度警觉、严加防范，坚决防止金融犯罪问题演变为系统性金融风险，确保社会大局稳定，助力中国诚信建设。

一、当前金融犯罪的新特点

当前金融犯罪特别是非法集资犯罪的外延不断扩展，金融互助、消费返利、虚拟货币等新型变种、变异风险开始显现，非法集资、传销、非法经营、诈骗等犯罪互相交织叠加，呈现复合型、涉众型的特点和趋势。金融犯罪手法不断翻新，有的以生产周转、珠宝黄金、汽车租赁、农产品生产和养殖、房地产投资为幌子，变相吸收公众存款。以非法集资犯罪为例，有的通过第三方公开宣传，并承诺高额返息，骗取投资者，非法吸存近4亿元资金。又以电信诈骗犯罪为例：一是有组织，形成犯罪集团，并采取传销模式对内部组织管理。今年6月7日，某市公安机关现场共抓获涉电信诈骗犯罪嫌疑人201名。二是有窝点，有的设在城市或农村，有的设在国内或境外。三是冒充公、检、法和银行工作人员行骗，并配有专门的"话术本"，按照"话术本"的套路来进行诈骗。四是被害人遍布广，涉案金额高。今年某市破获的电信诈骗案被害人遍布全国各地，涉案金额达到千万元。2016年年底，某省公安机关经过集中攻坚，充分依托大数据技术手段，成功侦破了某投资有限公司涉嫌利用P2P网络贷平台非法吸收公众存款案，逮捕犯罪嫌疑人多名，追缴扣押冻结涉案款9900余万元。为此，要坚持问题导向、聚焦防控风险、着力补齐短板，一手抓案件查处、一手抓风险防控，坚决打击严重干扰金融市场秩序的违法犯罪行为，切实提升公安机关打击犯罪、防范风险、服务发展、维护稳定的能力和水平。

二、当前防控风险的着力点

金融类经济犯罪涉众型特征明显，集资人员分布范围广，人数众多，一旦处置应对不当，极易引发区域性、系统性风险。为此，要针对经济金融犯罪呈现出的新情况、新特点，充分运用大数据技术提高预测、预警、预防能力，有效提高打击防范的智能化水平，努力做到早识别、早预警、早发现、早处置，为防止发生系统性金融风险提供支持保障。要针对涉众型、风险型经济犯罪牵涉面大、跨地域广的特点，坚持上下联动、多警合成、区域协同，创新建立一体化打击犯罪新机制，着力提高打击经济金融领域犯罪效能。今年7月初，公安部为增强学生及家长的防范意识，提高防骗、识骗能力，梳理了针对学生及家长的易发高发电信诈骗类型及特点，及时发布了暑期安全提示，提醒广大学生和家长警惕兼职刷单、高考招生、助学金、校园贷和网购退款五类多发性电信网络诈骗，提高预测、预警、预防能力。近日，公安部统一部署，全国各地公安机关依法对某文化转播有限公司法定代表人涉嫌组织领导传销活动等犯罪问题进行查处，多名犯罪嫌疑人已被采取刑事强制措施。初步查明，涉嫌以"扶贫济困、均富共生"为幌子，策划、操纵并发展人员参加传销活动，骗取巨额财物。

三、全力保护人民群众经济利益

当前，银行卡犯罪突出，伪卡类、涉网类盗刷案件增加，而且蔓延快、分布广、单笔金额较少，且多为异地作案，主要通过虚拟网络实施，其真实身份不易被发现，案件侦办难度大，破案成本高。利用虚假身份实施信用卡诈骗犯罪成本低，个别银行金融机构落实实名制存在漏洞，在高额利益回报驱使下，犯罪分子往往选择此类易操作、低成本的手段实施犯罪。例如，某地公安机关破获的一起信用诈骗案中，犯罪嫌疑人刘某某冒用了73人的身份信息，私刻7家单位的印章办理了多张信用卡，恶意透支300余万元。又如，公安机关正在侦办的某传销诈骗犯罪案，据悉，受害人逾百万。有的受害人期望公安机关严厉打击，追回所受损失，动情地说："在此企盼中党和政府是我们唯一的希望，公安机关是我们的救星。"据此，公安机关要准确把握法律、政策运用，正确处理维护社会秩序与激发社会活力的关系，坚决打击违法犯罪活动，努力提升精准打击犯罪的能力和水平，切实保障群众合法权益，努力实现法律效果和社会效果的有机统一。为切实保护人民群众的经济利益，公安机关要立足本职，强化责任担当。要进一步坚持以打开路，主动进攻，有力震慑；要进一步推进综合治理，构建党政主抓，公安主力，部门协调，全民参与的工作机制；要进一步创新服务，切实加强宣传防范，从源头上预防金融犯罪的发生。

依法打击金融犯罪，可以使国家资金免遭巨大损失，人民群众经济利益免遭侵犯，助力诚信中国建设。金融稳健可以吸纳更多资金，稳定外商和民间投资，发展经济，改善和提高人民生活。同时，债无忧的悠哉，人们诚信意识的增强，也为社会的正常运作打下了不可或缺的基础。诚信

（本文作者系公安部监管局原巡视员）

特稿

中国诚信文化第三次研讨会专辑

诚信的力量与催收的价值

文／易孟林

非常高兴参加今天的中国诚信文化第三次研讨会！我今天发言的题目是"诚信的力量与催收的价值"，以此就诚信文化的有关问题和大家交流，并请教于大家。

诚信给社会大众带来幸福

诚信是道德的范畴，属于意识形态领域；而催收是经济的范畴，属于经济基础领域，那么，诚信的力量与催收的价值之间究竟有什么关系呢？

先说一个发生在浙江宁波的真实故事。

某单位有一项建设工程承包给了一家建筑公司，结果这家建筑公司一直拖了一年也不给农民工工资。农民工找不到建筑公司的老板，就用电瓶车把这个单位的办事大厅给堵住了。社区女民警陈怡接到电话，急忙赶过去，一了解得知原来是建筑公司的资金链出了问题。按照合同的规定，这个单位应在项目中期向建筑公司支付百分之二十的费用，剩下的钱则在验收后支付。可是百分之二十的费用早已按时支付给了建筑公司，按理说，农民工应该找建筑公司老板要钱，而不应该找这个单位，更不应该堵这个单位的办事大厅。可是农民工说了，他们找不到建筑公司老板，这个工程是你们单位的，就只能来找你们了！社区女民警陈怡劝说了半天，农民工坚决不肯走，并铁了心说，今天一定要拿到工资！陈怡只好找这个单位的领导寻求解决方法。这个单位的领导联系上建筑公司老板后，约定第二天下午调解协商。调解时，这个单位的领导说，昨天已向上级汇报，同意先划20万元工程款支付工资。包工头一听有20万元到了，马上说，他已经给建筑公司垫了十几万了，总得给他补上吧！建筑公司老板也诉苦道，他做这个项目已花了绝大部分钱，还有好几大笔开销怎么办？这时候，一直没有出声的油漆承包人突然爆发了，说："你们从我这里买了两万元的油漆……现在我的孩子生病了，医疗费都付不起……"陈怡一边连忙安抚，一边对建筑公司老板说，这20万打到你公司，用来支付工资和油漆费，最后再从项目款里扣。建筑公司老板同意。可立即遭到农民工代表坚决反对，说："我们只相信某单位的领导和陈警官，不相信你们……这笔钱不能转到你们那儿，不然我们还是拿不到。"陈怡非常诚恳地看着大家说，转给公司没问题，现在是四点钟，去银行还来得及，她和大家一起去，当场把钱取出来发给大家。几位代表这才放心地点头同意。

这是宁波市公安局知名公安作家陆明光创作的由群众出版社2016年出版的长篇法治纪实文学《女片儿警》中的一个真实而精彩的故事。

这个真实的故事告诉我们，不诚信行为的发生是一个复杂的问题。只有深度了解事件真相，才能化解不诚信行为，为社会带来和谐与安宁。如果社区女民警陈怡办事简单粗暴，完全可能出现另外一个结果，即因建筑公司一年多不发农民工薪水的不诚信行为，导致暴力事件，甚至是命案的发生，从而使某单位、建筑公司、包工头、农民工和油漆承包人等多方受损。这一事件之所以得到圆满解决，得益于社区女民警陈怡在老百姓心目中的诚信度。一是陈怡是这项建设工程工地所在片区的社区民警，定期去工地了解情况，与农民工熟悉，建立了诚信感。二是陈怡在接到报警后，在处理整个事件中公平正义的言行进一步树立了诚信度。由此可见，诚信能给社会和大众带来幸福，而不诚信则可能带来灾祸。这无疑是诚信文化的魅力，靠的就是诚信的力量。

催收使社会多方得到共赢

我们的催收工作何尝不是这样，也是要靠诚信的力量，才能使得催收工作得到多方共赢。

催收工作，与老百姓的生活息息相关。谁家没有债权债务呢？债权人委托第三方去和债务人沟通交涉，督促其尽快还款，是解决个人欠款问题或企业坏账的有效途径。

催收工作，与民间讨账、讨债有着本质的区别，绝不能相提并论。催收工作的前提，是依法注册成立合法经营公司，按照法律要求，严格依法催收，不得采取非法手段，不得使用要挟恐吓等手段。催收工作的任务，主要是通过真诚的提醒、提示，催促贷款或借款个人和单位及时履行合约，清偿借支或银行信贷的款项。

从表面上看，催收人员和债务人好像是对立关系，其实，只要款项结清了，债务人就解除了诚信危机，当然，催收人员也获得了业绩提升，而对社会而言，则排除了一项治安隐患，实在是一件共赢的事情。

我们都应该清醒地认识到：对债务人而言，催收工作并不是一种刁难和逼迫，更不是依靠暴力解决问题。催收工作是通过电话催收、信函催收、外访催收、谈判催收、诉讼催收等多种方式真诚地提醒督促债务人还款。其专业化程度越来越高，管理也越来越制度化。如果电话催收、信函催收、外访催收、谈判催收等方式均失效，势必最终启动诉讼催收，即向法院提起诉讼，一旦法院判决，即可申请列入最高人民法院失信被执行人名单库强制执行。

2016年9月13日《郑州晚报》报道了这样一件事：老赖南极看企鹅无法回国。怎么回事呢？原来是河南一家开发商某房产公司欠别人工程款120多万元不还，被对方告上法庭，三门峡湖滨区法院判决该房产公司支付对方这笔钱。但是判决后，该房产公司一直没有行动。最终，湖滨区法院只好将该房产公司和其法定代表人列入法院"黑名单"。这个法定代表人上法院"黑名单"的时候是2017年4月份，恰好他在南极旅游看企鹅。只要上了最高人民法院失信被执行人名单库，老赖们就会被限制高消费，不能乘飞机是限制高消费的内容之一。这个法定代表人突然上了"黑名单"，有钱却买不了返程机票，无法入境，回不了国，这下可急坏了。他赶紧找委托代理人到法院要求和被欠款方协商。最终双方达成了执行和解协议：这个法定代表人抵押公司3套房产，又支付30万元执行款，他的名字才暂时从"黑名单"中剔除，这才购买了返程机票回了国。

这一案例表明，与其进入诉讼催收，被列入最高人民法院失信被执行人名单库，受到法院的失信被执行人惩戒机制的制裁，当然不如在电话催收、信函催收、外访催收、谈判催收环节就协商解决好，这样无论对谁，其诚信美誉度都不会受损。而一旦被列入最高人民法院失信被执行人名单库，其诚信美誉度必然受到极大影响，非常不利于今后的发展。有法院这样的强力部门为诚信社会保驾护航，无疑使催收工作有了法律上的重要保障。催收工作产生的实际效果就是，如果债务人、受贷人，经过合法催收依然不能够履行合约，及时清偿个人或银行借贷债务，就必将受到国家强力部门的经济制裁甚至是法律制裁，被视为社会上不诚信的人群，受到经济活动、社会交往等多方面限制。

常常拖欠账款的企业很难在商业竞争中获得优势资源而快速成长。企业只有养成良好的回款习惯，建立商业诚信，才能发展壮大。比如，某市有一家销售企业，由于回款信誉好，很多知名品牌都乐意跟它合作，并提供了较长的回款周期，在众多商家的鼎力支持下，其品牌诚信美誉度和知名度越来越高，得到迅速发展。而同样是销售企业，另一家由于回款信誉不良，很多好品牌都不愿意跟它合作，导致销售的产品没有档次，只能惨淡经营。

而催收工作的价值，则不仅体现在能够帮助债权人及时收回款项，打通资金流转通道，还体现在能够使债务人增强诚信度，建立商业信誉，有利于推动个人或企业的发展。对于被拖欠款项的企业而言，回收账款后，企业会对自己的产品更加重视，更加积极地开展经营活动，想方设法出售产品，加速产品流通，实现资金回笼，获得更高的利润。而对于欠账较多的企业来说，由于害怕催收人员登门催收，往往躲起来，不愿意露面，自然导致自己的订货减少，销售变得困难，账期一拖再拖，恶性循环，最终成为不良客户，完全丧失诚信度，对企业，对债权人，对社会都非常不利。对于个人来说，由于还款效率高，诚信美誉度自然就高，这也就为以后的资金周转和自身不断发展拓展出非常宽广的道路。

催收工作的价值，还在于无形中降低了作为债务人的企业购入产品的成本。不言而喻，当企业延长了对厂商的回款期限，为了资金周转，厂商就不得不向银行借贷，这时所产生的利息就得视为营业成本计入价格之中，最终由作为债务人的企业承担，增加了企业的财务支出。如果企业能够完全付清账款，这部分利息就不会产生，自然也就降低了购入产品的成本。

建议国家加强催收立法保护

综上可见，诚信是多么重要！催收工作又是多么重要！

小而言之，催收人员督促债务人按时回款，是在帮助债务人建立良好的商业诚信，以便在商业竞争中获得优势资源，使个人、企业等债权人、债务人得到健康发展。

大而言之，催收工作则是在为社会的和谐、人民的幸福、国家的繁荣昌盛，为实现中华民族伟大复兴的中国梦作出独特贡献。

我们完全可以说，"催收也是一种生产力。"在当前党中央要求建立多元化解决纠纷机制的时代背景下，催收工作无疑为国家、为社会创造着财富，具有十分直接的社会价值和经济价值，为国家经济良性发展作出了实质性贡献。

催收可协助多方建立诚信，而诚信则可使催收工作得到多方共赢。催收的价值与诚信的力量相辅相成，互为推动，互为转化，形成良性循环。

因此，特别建议国家进一步加强对催收工作的立法保护，以便使催收工作的特殊功能可以得到更加充分的发挥。诚信

（本文作者系中国法学会法治文化研究会副会长）

中国诚信文化第三次研讨会专辑

我对诚信的若干思考

文／王艳昌

诚信，乃以真诚之心，行信义之事。诚信，是诚实无欺，信守诺言，言行相符，表里如一，被称为公民的第二张"身份证"。千百年来，中华民族视诚信为自身的行为规范和道德修养，形成了十分鲜明的诚信观。

我国的诚信先贤比比皆是。尤其是三国时期蜀汉名将关羽，由将而侯而王而帝而圣，一生忠义仁勇，诚信名冠天下，是中华民族的道德楷模，数千年来备受海内外华人推崇敬仰。关羽身上所体现出来的忠义诚信品质，是中华民族心仪向往和追求的典范，历来为官方、民间、儒、道、释所敬仰推崇。

讲诚信的人，处处受欢迎；不讲诚信的人，人们会忽视他的存在。诚信是为人之道，是立身处世之本。诚信对于自我修养、齐家、交友、营商以至为政，都是一种不可缺少的美德。孔子曰："人而无信，不知其可也。"诚信是一个人立足社会的根本，是一个企业立足市场的依托，更是一个国家立足世界的基石。诚实守信，才能政令畅通，才能确保国民经济和社会发展战略的顺利实施。

随着我国社会主义市场经济迅速发展，社会处于转型期，我国出现了许多违背诚信道德的现象。诚信缺失和信用危机在社会生活的诸多方面表现出来，对社会生活和社会秩序造成很深的危害，阻碍着社会经济的正常运转，影响到对外开放的形象，损害群众切身利益，破坏整个市场经济秩序，严重冲击着我们的诚信大厦。

究其原因，我认为主要有以下几个方面。

一是经济社会转型过程中所带来的重大冲击。

当前我国社会生活的经济基础和道德秩序发生了历史性的变化，市场经济体制和与其相适应的以"诚信"为核心的道德秩序尚在建设完善中。在这个特殊时期，就难以避免地出现道德秩序的混乱和失衡。

伴随着经济转型、体制转轨，社会的价值观发生了重大变化，人们更加重视对物质的追求和享受。很多人常常利用改革过程中体制存在的漏洞，采取各种非正当方式和手段谋求高收入。受攀比效应的影响，诚信原则在社会公众中也就开始出现大量失常现象。

而随着中国从传统熟人社会向现代社会转型，社会交往面增大，人们很难再从传统的熟人关系中找到自己的道德责任，而必须依靠契约来履行自己的责任。很多人遵循内外有别的诚信理念，往往对"自己人"讲诚信，对陌生人不讲诚信。而加速的社会流动降低了失信的成本，导致失信现象增多，尤其是在缺乏强有力的失信惩罚时。

二是与诚信相关的教育没有引起足够重视。

改革开放以后的一段历史时期，我国曾出现思想政治工作薄弱，物质文明和精神文明建设不同步的现象。思想政治教育尤其是诚信道德教育不能与时俱进，跟不上经济快速发展的步伐，没有形成"诚实为荣，失信为耻"的社会风气。诚实守信在相当一部分人心目中已成为"无用的别名""谁诚信谁就是傻子"，已成为一种普遍心态。诚信道德教育没有得到应有的重视，公民诚信观念和守信意识淡薄，以诚信为核心的与社会主义市场经济体制相适应的道德规范并没有建立起来。

治理诚信缺失，固然需要法律的支持，但法律手段有其局限性，如法律的制定往往需要较长的时间，有许多领域法律难以作出明确的规定等。道德教育是对心理动机的自律性约束，是一种无形的力量，往往能够弥补法律的不足，也有利于推动法治的实现。但是，当前在"以德治国"与"依法治国"相结合上还很不够，还没有做到在全国范围内进行诚信道德教育，将传统道德中的诚信思想继承、改造和发展，使之与市场经济的要求相结合，形成社会主义市场经济的道德规范，贯彻落实于基础教育到高等教育的全过程中，以致公民的信用观念和守信意识差，诚信道德没有深入民心，守信还没有成为人们自觉、自愿的行为。

与此同时，我们的普法宣传教育，并没有发挥应有的作用。公民法律契约意识淡薄，在商务、劳务等经济活动中，由于不懂得法律，仅凭良心和口头商定，没有按《合同法》等来办事，导致自己容易上当受骗，合法权益得不到保障，为那些欺诈行为打开了方便之门。

三是信用体系建设很不完善。

我国尚未建立与发达市场经济相适应的作为信用体系基础的信用记录、征信组织和监督制度。我国对企业信用及经营者经营行为的记录和监督分散在工商、税务、银行等不同部门中，尚未形成体系，既难以形成完整的信用记录，也无法进行有效监督。而对个人经济行为的记录和监督，目前尚为空白，这不仅影响了个人信用的发展，同时也无法提供企业和社会评价个人承担社会经济责任能力的依据。由于企业及个人信用登记、信用评估、信用担保、信用转让、信用监管等一系列信用制度没有建立，各市场主体在业务往来中对信用的发展、甄别和防范异常困难。这就使得市场经济主体之间所了解的信息不对称，从而给失信和欺诈提供了可能。

与此同时，社会诚信服务行业的社会需求不足，社会和企业对诚信产品的需求十分有限。企业使用诚信产品的意识普遍淡薄，社会其他经济主体大多缺乏利用诚信产品保护经济交往中的利益的意识。就诚信服务的供给而言，目前国内还缺少有实力能提供高质量诚信服务的机构或企业，整个诚信中介服务行业的培育缺少健康发展的市场环境，中介服务的市场化程度低。

四是法律制度建设不够健全。

首先表现在立法还不完备，针对诚信方面的立法严重滞后。市场经济条件下，诚信是建立在法律制度基础上的，我国尚未建立与诚信管理直接相关的法律。在立法方面，在我国现行的法律体系中，我国只是在已颁布的《民法通则》《合同法》《公司法》《担保法》《票据法》和《反不正当竞争法》中规定了诚实守信的法律原则，《刑法》中也有对诈骗等犯罪行为处以刑罚的规定，但缺少与诚信制度直接相关的立法。现行的这些法规仅对部分诚信行为的债权保护提供了保证，不能涵盖全部诚信行为，对债务人履行义务的约束不完善且不具有强制性。同时，现有的法律在对契约关系的维护上，对债权人的保护明显不够。其次是对失信行为的惩罚不严，守信收益不公。在我们的现实生活中，失信行为不能受到应有的惩罚，缺少有效的惩罚机制，失信成本低，造成失信者有利可图。社会尚缺乏相应的风险评级机制，诚信的企业和个人甚至被视为"傻子"，诚信者的诚信成本反而加大，这就助长了失信者的气焰。在失信惩戒机制不健全、道德约束力有限的社会里，人们往往会追求利益最大化，甚至不惜损人利己。最后是法律的执行不力。近年来出现的法院裁判"执行难"，审判严重超期久拖不决，人为地抬高诉讼成本，以及大量存在违背法律程序的现象，严重削弱了司法权威。诉讼过程中，债权人为追索到期债务所支出的诉讼成本费用越来越高，使得债权人不愿打官司、打不起官司。这些都造成了司法诚信危机。

五是正确的人生观、价值观与理想信念的缺失。

市场经济诱发人的趋利性，容易滋生出"一切向钱看"的观念；经济运行规则也可能泛化到社会生活的一切领域，一切都讲等价交换，一切人际关系、社会关系都被看作金钱利益关系，容易诱使一些人不择手段地获取物质财富。人们对欺诈贪污等不诚实行为的司空见惯甚至麻木不仁，使信用关系失去道德与社会约束，造成诚信缺失。由于理想信念的虚化，在人们的头脑中，实用主义取代了理想主义，工具价值取代了人文价值，致使各种不诚信行为更加肆无忌惮。

诚信缺失和信用危机的原因找到了，对策也就有了。

要建设一个美好的诚信中国，我认为必须针对以上原因，对症下药。第一要切实加强诚信教育。第二要加快建设信用体系。第三要尽快形成与诚信制度直接相关的立法，建立有效的惩罚机制，增强法律的执行力。第四要牢固树立正确的人生观、价值观和理想信念。

我们债无忧公司在弘扬诚信文化方面，有责任也有义务身体力行，把诚信内化于心，外化于催收工作的具体行动中，要做诚信的表率，为建设诚信中国作出我们应有的贡献。诚信

（本文作者系中国社会主义文艺学会诚信文化研究院常务副院长、债无忧互联网公司CEO）

质量诚信永远在路上

——中国质量诚信体系建设 20 年备忘录

文／辛平

国无诚信则绝于天下，企无诚信则注定要衰败，家无诚信则面临危殆，人无诚信则必定遭到鄙视。产品质量诚信关系到一个企业、一个地区、一个国家乃至一个民族的未来。因此，质量诚信体系建设不应是个人的事，而应是全社会共同的追求。

然而，曾几何时，中国质量诚信的大厦却是岌岌可危，甚至几近崩塌的边缘。如今，梳理那些过往的质量丑闻与罪案，依然会令我们触目惊心，叹息不已！

一、丑闻与罪案：质量诚信一地鸡毛

山西朔州假酒案——

1998 年 1 月，山西省文水县农民王青华用 2400 公斤甲醇加入回收来的酒梢，勾兑成散装白酒 57.5 吨，出售给山西朔州个体户批发商王晓东、杨万才、刘世春等人。这些人明知道这些散装白酒甲醇含量严重超标（后来经测定，每升含甲醇 361 克，超过国家标准 902 倍），但为了牟取暴利，铤而走险。自 1998 年 1 月 26 日开始，短短数日内，因喝了王青华制售的假酒致死 27 人，222 人中毒入院接受救治。

1998 年 3 月 9 日，王青华等 6 名犯罪分子被判处死刑。

南京冠生园破产——

冠生园品牌创立于 1918 年的上海。1934 年，冠生园月饼聘请当时的影后胡蝶为形象代言人，广告词"唯中国有此明星，唯冠生园有此月饼"风靡一时，冠生园产品更是名倾大江南北。然而，2001 年 9 月 3 日，中央电视台报道了"南京冠生园大量使用霉变及退回馅料生产月饼"的消息，令举国震惊。2002 年春节刚过，南京冠生园食品有限公司便在重重压力下，不得不向南京市中级法院申请破产。南京冠生园这个被南京市政府核定为 240 家大中型企业之一的知名企业，也就此寿终正寝，并成为中国食品业一道无法抹去的伤疤。

安徽阜阳"大头娃娃"劣质奶粉事件——

2004 年，在全国大规模劣质奶粉清查检验中发现，劣质假奶粉中蛋白质含量大多数只有 2%、3%，低的只有 0.37%、0.45%，钙、磷、锌、铁等含量普遍不合格。

4 月 27 日，新华网发布的国务院调查组对安徽阜阳地区的调查结果，阜阳 2003 年 5 月 1 日以后出生、以奶粉喂养为主的婴儿中患有严重营养不良

的婴儿，共有轻度、中度营养不良婴儿189例；随着"劣质奶粉"问题的曝光和深挖，全国各地因为劣质奶粉问题导致严重致病、夭折的个案不断涌现。

8月12日，阜阳市颍泉区人民法院公开开庭审理了阜阳"劣质奶粉事件"中的首起渎职犯罪案件，并当庭作出一审判决：以徇私舞弊罪分别判处被告人、阜阳市工商局颍泉分局周棚工商所原副所长白启祥和李亭君有期徒刑两年零六个月和两年。

9月，浙江省苍南县圣宝乳品有限公司成为被告，这也是全国劣质奶粉案件第一个走上法庭受审的生产商。

苏丹红事件——

苏丹红学名苏丹，偶氮系列化工合成染色剂，主要应用于油彩、汽油等产品的染色。共分为Ⅰ、Ⅱ、Ⅲ、Ⅳ号，都是工业染料。

2005年3月4日，亨氏辣椒酱在北京首次被检出含有"苏丹红一号"。不到1个月，在包括肯德基等多家餐饮、食品公司的产品中相继被检出含有"苏丹红一号"。不久，湖南长沙坛坛香调料食品有限公司生产的"坛坛乡辣椒萝卜"也被检出含有"苏丹红一号"。随后，全国11个省市30家企业的88个样品被检出含有苏丹红，苏丹红事件席卷中国。

经过质监、公安部门的调查，发现广州田洋食品有限公司用一直使用"苏丹红一号"、含量高达98%的工业色素"油溶黄"生产辣椒红一号食品添加剂，而此食品添加剂正是苏丹红事件的源头。4月9日，该公司的两个主要涉案人员谭伟棠、冯永华被公安部门刑拘。

但苏丹红事件并未就此尘埃落定。

2006年11月12日，央视播报了北京市个别市场和经销企业售卖来自河北石家庄等地用添加苏丹红的饲料喂鸭所生产的"红心鸭蛋"，并在该批鸭蛋中检测出苏丹红。

11月14日，北京市政府食品安全办公室公布了北京市场"红心鸭蛋"检测结果，其中6个"红心鸭蛋"样本被检出苏丹红，含量从0.041ppm（毫克／千克，百万分之一）到7.18ppm不等。

11月15日，大连市发现标称江苏泰州市第二食品加工厂生产的"梅香"牌咸鸭蛋含有苏丹红Ⅳ号……

三聚氰胺毒奶粉事件——

2008年9月，石家庄三鹿集团生产的婴儿奶粉（曾是国家免检产品），被发现导致多位食用婴儿出现肾结石症状，"三聚氰胺"事件爆发。据卫生部通报，截至2008年12月底，全国累计报告因食用三鹿牌奶粉和其他个别问题奶粉导致泌尿系统出现异常的患儿共29.6万人。

2009年1月22日，河北石家庄中级人民法院就三鹿毒奶粉系列刑事案件作出一审宣判。三鹿集团原董事长田文华被判处无期徒刑，三鹿集团其他三名高级管理人员王玉良、杭志奇、吴聚生则被分别判处有期徒刑15年、有期徒刑8年和有期徒刑5年。

三聚氰胺成为中国乳业的耻辱，也成为中国食品行业安全问题的代名词，从此，但凡说到乳品质量，必讲起三聚氰胺；但凡谈食品安全问题，必提及三聚氰胺。

海南毒豇豆事件——

2010年2月间，海南产豇豆在武汉查出含有禁用农药后，合肥又相继检测出有毒豇豆。

经调查，被检测出含有禁用农药水胺硫磷的豇豆主要来自海南省陵水县和三亚市崖城镇。豇豆是海南省农民冬季主要种植的蔬菜，全省共种植20万亩，主要集中在海口、三亚、陵水、东方、乐东、澄迈六市县，分别销往全国各地。

毒豇豆事件此后在全国持续发酵。

青岛毒韭菜——

从2010年4月1日开始，青岛一些医院陆续接到食用韭菜后出现头疼、恶心、腹泻等中毒症状的患者。经医院检查属于有机磷中毒，也就是说韭菜上的残余农药严重超标导致中毒。经有关部门调查，被查出的毒韭菜主要来自山东潍坊高密的夏庄镇、河崖镇及潍坊寿光的稻田镇等地，销售渠道全部是青岛早市和夜市。

在武汉，4月2日至9日，工商执法人员在农产品批发、零售市场共查出农残超标韭菜共1930

公斤。

"毒韭菜事件"让民众惊呼"农药危害已惊天！"
……

这些因唯利是图、不讲质量、毫无诚信导致的丑闻和罪案，一次次冲击着国人脆弱的神经。而兴利除弊，健全社会质量诚信体系，也日趋成为全民的共同心愿。

二、滥觞与勃兴：质量诚信体系建设之路

因诚信缺失、质量低劣导致的各种严重后果，一直牵动着党和国家领导人的心。在党中央、国务院的部署和国家质量工作相关部门的大力推动下，中国的质量诚信体系开始走上一条从滥觞至勃兴的建设之路。而时光之手也忠实地记录下质量诚信体系建设过程中或浓墨重彩、或寓意深远的每一个节点和画面——

1988年12月29日，为了发展社会主义商品经济，促进技术进步，改进产品质量，提高社会经济效益，维护国家和人民的利益，使标准化工作适应社会主义现代化建设和发展对外经济关系的需要，由中华人民共和国第七届全国人民代表大会常务委员会第五次会议修订通过了《中华人民共和国标准化法》，并于1989年4月1日起施行。

1993年2月22日，第七届全国人民代表大会常务委员会第三十次会议上，通过了《中华人民共和国产品质量法》。这一国家大法，自1993年9月1日起正式施行，其宗旨就是加强对产品质量的监督管理，提高产品质量水平，明确产品质量责任，保护消费者的合法权益。

1996年12月，国务院正式制定了旨在提高我国产品质量、工程质量和服务质量总体水平的《质量振兴纲要（1996—2010年）》。

2009年，是中国质量诚信体系建设历程中一个极为重要的年份。

为了提升企业质量诚信意识，营造良好消费环境，党中央、国务院下达了关于在全国开展"质量和安全年"活动的部署。这一年的6月16日，由国家质检总局联合工业和信息化部、商务部、中国人民银行、国家工商总局共同主办的"质量和安全年"质量诚信论坛在北京举行。论坛主题为"铸质量诚信、树消费信心"，相关政府部门领导，经济界著名专家学者和来自全国的企业界代表汇聚一堂，共同就提升质量诚信意识和增强全民消费信心进行研讨。时任国家质检总局局长王勇在开幕式致词中表示，质量诚信是关系人民生命安全的重大政治问题，是关系社会和谐的重大责任问题，是关系经济发展的重大战略问题。要推动我国经济平稳较快增长，促进社会和谐进步，必须加快质量诚信体系建设，必须关注质量、狠抓质量、提升质量。中国质量新闻网全程直播了国家质检总局质量管理司司长孙波、中国人民大学教授吴晶妹、珠海格力电器股份有限公司副总裁黄辉在论坛现场就"质量诚信：企业的立足之本"这一话题展开的讨论。讨论中，吴晶妹、黄辉分别就信用标准化、信用危机发生的根源与行业龙头企业格力电器秉承诚信经营理念、为消费者提供高品质产品和服务的实践作了理论探讨和经验分享，孙波则就国家质检总局加快产品质量诚信体系建设的基本思路和主要措施作了重点介绍。基本思路就是根据质量诚信体系建设工作规划和政府推动、企业主动、统筹规划、分步实施的工作思路，国家质检总局将用3年时间，建立体系完整、责任明确、运行高效、监管有力的质量诚信体系和运行机制，进一步加快产品质量诚信体系建设的步伐。主要措施有五个方面，一是强化企业质量第一责任人的意识，促进企业诚信经营。二是完善质量诚信体系建设的规章制度。三是建立国家质量信用信息网，加快信息数据库建设。四是以食品等涉及人民生命财产安全的产品为重点，促进质量信用分类监管。五是加强质量诚信宣传，充分发挥新闻媒体的舆论导向作用。利用电视、广播、报刊、信息网络等，广泛开展内容丰富、形式多样的宣传教育，推进广大企业和全社会不断增强诚信意识。

2010年11月18日，国家质检总局会同工业和信息化部、中国机械工业联合会等单位和企业代表，在北京召开落实企业质量主体责任与诚信建设座谈会，共同研讨落实企业质量主体责任和加强质量诚信体系建设的措施。在这次座谈会上，国家标准委正式发布了《企业质量信用等级划分通则》国家标准。企业质量诚信体系建设自此有了国家标准。

2012年1月11日，国务院常务会议专题研究部署进一步加强质量工作，明确要求加快质量法治建设，推进质量诚信体系建设。会议原则通过了经由国家质检总局牵头、14个部委共同制定的《质量发展纲要（2011—2020年）》。时隔数年，参加过那次会议的国家质检总局局长支树平还能清楚地记得，参会的副总理和国务委员都一一发言，每个人都强调要重视和加强质量工作。时任总理温家宝更是特别强调了质量的重要性，并从8个方面提出了明确要求：一要严格企业质量主体责任；二要强化质量安全监管；三要加快质量法制建设；四要加强标准化、计量、认证认可和检验检测等质量基础工作；五要推进质量诚信体系建设；六要大力实施名牌发展战略；七要完善质量工作体制机制；八要加强质量文化建设。2月6日，国务院向各省、自治区、直辖市人民政府及国务院各部委、各直属机构正式下发了《关于印发质量发展纲要（2011—2020年）的通知》。从那以后，质量诚信体系建设开始勃兴于中华大地。

3月2日，国家标准《企业质量诚信实施规范》起草组成员和咨询专家、相关行业协会和单位的30多人进行了集中研讨，聚焦和梳理了标准定位、主线和主要意见，起草组在此基础上又召开了3次技术层面的标准研讨会，4月初完成了征求意见稿。4月17日，《企业质量诚信实施规范》开始在网上征求意见，并于当年的12月31日正式对外发布。

4月26日，国家质检总局向直属检验检疫局和各省、自治区、直辖市及新疆生产建设兵团质量技术监督局、认监委、标准委等各直属单位，下发了《关于进一步加快质量诚信体系建设的指导意见》，要求各单位按照党中央、国务院关于加强社会信用体系建设的总体部署，把质量诚信体系建设摆在突出位置，坚持"统筹规划、循序推进，政府推动、培育市场，完善法制、严格监管，企业自律、社会监督"的原则，以组织机构代码实名制为基础建立企业质量信用档案，以物品编码为溯源手段建立产品质量信用信息平台，健全质量信用评价体系，实施质量信用分级分类监管，完善质量信用奖惩机制，加大质量失信惩处力度，全面推进质量诚信体系建设，营造诚实守信、自律守法的社会环境。

2013年11月23日，中央文明办首次将质量诚信纳入"讲文明树新风"公益广告。这是中央文明办、国家质检总局合力推动诚信建设的重要措施，对于进一步加强质量诚信体系建设、引导和动员全社会树立质量诚信意识、推动建设质量强国具有积极意义。

2014年5月10日——历史会记住这一天——习近平主席在河南考察时提出，要"推动中国制造向中国创造转变、中国速度向中国质量转变、中国产品向中国品牌转变"。总书记"三个转变"的重要论述，向全世界宣示了中华民族建设质量强国的决心和意志。

不久后，国务院即印发了《社会信用体系建设规划纲要（2014—2020年）》。其中提到的社会信用体系建设主要是指政务诚信建设、商务诚信建设、社会诚信建设和司法公信建设四部分内容。而商务诚信涉及14个领域，质量诚信体系建设便是其中之一，也是社会信用体系建设的重点诚信建设内容。

2014年9月15日，以"质量、创新、发展"为主题的首届中国质量（北京）大会在人民大会堂召开，国务院总理李克强出席会议并作重要讲话，指出中国经济要保持中高速增长、向中高端水平迈进，必须推动各方把促进发展的立足点转到提高经济质量效益上来，把注意力放在提高产品和服务质量上来，牢固确立质量即是生命、质量决定发展效益和价值的理念，把经济社会发展推向质量时代。并且强调要紧紧抓住质量诚信这个"牛鼻子"，加快建立质量失信"黑名单"制度。

2016年3月8日，为落实党中央、国务院的部署，国家质检总局会同工业和信息化部、中国机械工业联合会、中国轻工业联合会、中国石油和化学工业联合会等部门和单位在北京召开落实企业质量主体责任与诚信建设座谈会，共同研讨落实企业质量主体责任和加强质量诚信体系建设的措施……

三、普及与深化：从质量月到中国质量诚信品牌论坛

回顾中国质量诚信体系建设的历程，就不得不提全国"质量月"活动。

作为"提升质量，铸造诚信"的国家活动，

世界上第一个"质量月"活动起源于日本；日本于1960年11月举办了第一次"质量月"。1988年10月，美国也开始了一年一度的全国"质量月"活动。

中国的"质量月"活动则始于1978年。当时正值文化大革命后国民经济恢复初期，许多企业生产效率低下，质量问题严重。为此，原国家经委于1978年6月24日向全国发出了《关于开展"质量月"活动的通知》。8月31日，第一次全国"质量月"广播电视动员大会在全国政协礼堂召开，出席会议的有当时国务院的7位副总理：李先念、余秋里、方毅、陈慕华、王震、谷牧、康世恩。会后由原国家经委主任及副主任带队、国务院各工业部门的领导参加，分头到全国各地检查产品质量。质量月期间，不仅有厂长、局长，而且有部长亲自"站柜台"，听取用户及消费者对产品质量的意见，把有质量问题的产品亲自带回来研究解决，这在当时被叫作"背废品"。

为搞好每年的质量月活动，中宣部、国家经贸委、国家质监局、全国总工会、共青团中央等有关部门每年都会联合发出关于在全国开展质量月活动的通知，部署当年的全国质量月活动，并提出当年的活动主题——从1978年的"生产优质品光荣 生产劣质品可耻"，1979年的"努力生产一等品和优质品 向国庆三十周年献礼"，到1997年的"让《质量振兴纲要》深入人心"、1998年的"质量振兴 人人有责"，再到2001年的"新世纪 新质量 新生活"，2002年的"讲诚信 保质量"……几乎每一年的质量月主题活动都能产生相当的社会影响。

不过，在2004年之前，虽然每年质量月活动都与质量诚信密切相关，但明确提出"质量诚信"这一理念却是从2004年开始的。那一年的质量月活动中，第一次推出了"优秀典型企业质量诚信倡议"主题活动。从那时开始，这项活动便成为全国"质量月"活动中具有广泛关注和重要影响的主题活动之一，并延续至今。

如果说，全国"质量月"通过召开主题大会、开展大规模咨询服务、举办质量知识竞赛等活动，让"质量诚信"这一理念在社会上得到广泛普及，"中国质量诚信品牌论坛"则让"质量诚信"在宣传上得到进一步提升，理论上进一步深化。

2015年3月28日，首届中国质量诚信品牌论坛在北京国际会议中心举行。论坛上发布了《2014年中国质量现状调查报告之一：面膜行业》，指出其主要不合格项目是微生物和荧光增白剂两项。随后，国家质检总局法规司司长许新建发布了《2014年中国质量诚信产品与服务质量明察暗访情况通报》，披露了汽车、电商、家具、家电、净水机、电信、保险、眼镜8个行业突出的质量诚信问题。

国务院发展研究中心宏观部主任陈昌盛、新华社《经济参考报》总编徐殿龙、中国传媒大学MBA学院院长张树庭分别在论坛上以质量诚信为主题发表了主题演讲。

最后，国家质检总局副局长吴清海指出，质量工作遍布经济社会发展的各个领域，质量诚信建设需要社会各界共同积极参与。只有人人都做质量诚信建设的践行者，营造质量诚信的浓厚氛围，让质量意识、诚信理念成为全社会共同的价值取向，我们才能真正迈入质量时代。

2016年3月12日，第二届中国质量诚信品牌论坛拉开帷幕。

中国质量万里行促进会会长蒲长城在开幕致辞中指出，对普通公民来说，质量诚信是个人美德；对企业来说，质量诚信是黄金资产；对社会来说，质量诚信是公序良俗；对国家来说，质量诚信是重要的软实力。

论坛上，中国质量万里行促进会秘书长高伯海发布了《2015年中国质量诚信产品与服务质量明察暗访情况通报》。并且对2015年在质量、品牌、服务诚信上作出突出贡献的企业（单位）进行表彰，同时发布了《2015年中国质量诚信产品与服务质量明察暗访情况通报》，电商、空气净化器、汽车、保险、电信等十大行业被指质量诚信问题突出。

2017年3月12日，由国家质检总局指导，中国质量万里行促进会主办的第三届中国质量诚信品牌论坛在北京成功举办。本次论坛以用"工匠精神"打造"质量诚信品牌工程"为主题，邀请学术界、企业界代表围绕"质量""诚信""工匠精神"等话题，共同探讨质量与供给侧结构性改革新形势下如何加强质量诚信建设、推动质量提升，加快建设质量强国。

论坛上，中国质量万里行促进会发布了《2016年中国质量诚信产品与服务质量明察暗访情况通报》。调查结果显示，手机、保险、家电、汽配、家装、旅游等十大行业产品和服务质量诚信问题较为突出。并对一些质量诚信建设的优秀企业进行了表彰，海尔集团、重庆长安汽车、新华人寿、北京铁路局、国美控股集团、海信集团、美的客户服务中心等单位分获全国质量诚信品牌优秀示范企业、五星级服务质量奖和用户满意服务诚信鼎荣誉称号。

连续三届质量诚信品牌论坛上发布的年度中国质量诚信产品与服务质量明察暗访情况通报，固然吸引了公众关注的目光，但更能引发人们深入思考的，是那些专家、学者就质量诚信所作的主题演讲。那些演讲涉及的相关话题和理论研讨，极大地拓展和深化了对于质量诚信体系建设的理论和学术研究。

除了质量月和中国质量诚信品牌论坛，中国出入境检验检疫协会从2009年起开展的全国进出口企业质量诚信创建活动，也在全国范围内产生了很大的反响。

2016年9月10日，中国出入境检验检疫协会在贵阳召开"提升供给质量，建设质量强国——2016中国进出口质量诚信企业发布会"。会上，宣布716家企业经过自愿申报、检验检疫审核、专家会审、社会公示等程序，最终获得2016中国进出口质量诚信企业称号。质量诚信企业代表——贵州茅台酒进出口有限责任公司副总经理杨卓代表质量诚信企业宣读了《中国进出口质量诚信企业贵阳宣言》。

当然还有央视的"3·15"晚会。"3·15"晚会是由中央电视台联合国家政府部门为维护消费者权益共同主办的大型公益晚会。自1991年起，每年3月15日晚通过中央电视台向全国直播。它唤醒了消费者的权益意识，成为规范市场秩序、传播国家法规政策的强大平台。专题调查、权威发布等都成为广大观众最期待的节目亮点。20多年来，"3·15"晚会已成为一个符号，成为亿万消费者信赖的舆论阵地，成为国家有关部委规范市场秩序的重要力量，更成为质量诚信体系建设进程中一个不可或缺的宣传平台，就像今年的晚会主题：用责任汇聚诚信的力量。

四、共襄盛举：各地质量诚信体系建设巡礼

质量诚信体系建设的整体推进，离不开各地方党委和政府的共同努力。

在长期的实践中，各地质量诚信体系建设也各有特点——

上海：

上海市是全国最早开展诚信体系建设的城市。

1999年8月，经国务院和中国人民银行批准，上海率先在全国开展个人信用联合征信试点，先后建立了个人信用和企业信用联合征信服务系统。十年来，上海市已初步构建了社会诚信体系的基本框架，并逐步向社会经济生活的各个领域延伸和扩展，推动社会诚信体系建设深入发展。

2011年，《上海市质量发展规划（2011—2020年）》发布，"规划"明确提出了要大力实施包括质量诚信工程在内的八大质量发展工程。从此，质量诚信体系建设在锦江两岸全面铺开。如今，上海市质量诚信星级企业评选活动已经成为全国质量诚信体系建设中的知名品牌。

山东：

2003年6月16日，中共山东省委、山东省人民政府颁布了关于全面推进"诚信山东"建设的意见。

2007年，山东省政府出台《山东省人民政府关于实施质量兴省战略的意见》，在全国率先实施质量兴省战略。一年后的12月31日，青岛市建委就印发了《建筑市场责任主体质量诚信量化公示管理暂行办法》，在全市建筑业实施建筑市场责任主体质量诚信量化考核公示制度，从而建立起"企业自控、政府考核、社会监督"的全方位质量诚信体系。这一做法很快在山东全省展开。

2009年，山东省政府颁布实施了《山东省省长质量奖管理办法》。

2012年，山东省政府发布《山东省人民政府关于贯彻国务院〈质量发展纲要（2011—2020年）〉实施质量强省战略的意见》。

2015年5月29日，山东省政府发布《山东省贯彻实施质量发展纲要2015年行动计划》。

2016年，为适应新常态、新形势要求，山东省进一步修订了《山东省省长质量奖管理办法》，评选范围扩大到一、二、三产业，关注和扶持中小企业，省长质量奖告别"终身制"。

河北：

2012年7月，国家质检总局开始推广在企业设立首席质量官试点工作。当年，就在全省大中型企业中推动实施首席质量官制度，并尝试在企业中建立质量问题先行赔偿、质量责任保险制度和层层追溯的约束机制，倒逼生产经营者强化质量管理。引导和促进企业完善质量诚信内部管理制度，建立覆盖设计、采购、生产、检验、流通、售后服务全过程的质量诚信制度，加强员工质量责任感和质量诚信意识的教育。

安徽：

2014年5月20日，"安徽企业质量信用平台"正式投入运行。这个平台依据企业质量信用档案和质量信用信息数据，整合和共享质量信用数据资源，从企业基本信息、质量良好信用、质量不良信用、质量信用报告、质量信用评价等多个维度记录并公布安徽企业质量信用信息。平台汇集了全省80余万家各类型企业的质量信用数据信息，任何个人都可以查询相关企业质量信用记录信息，企业失信行为将无所遁形。

山西：

2015年6月发布《山西省贯彻实施质量发展纲要2015年行动计划》，提出进一步加快质量诚信体系建设，建立和完善企业质量信用档案数据库系统，规范质量信用分级分类管理。同时，切实加强质量信用信息共享与应用，加大失信行为曝光力度，推动企业主动发布质量信用报告。有媒体如此评述：山西省推进质量诚信体系建设，从此有了路径图。

新疆：

2012年6月6日，新疆维吾尔自治区制定了《关于加快自治区质量诚信体系建设的实施意见》，从推进质量信用信息化建设、建立质量信用信息管理制度、加强产品质量信用记录发布、明确质量信用信息的征集范围、建立质量信用"黑名单"制度、推动行业质量诚信自律机制建设等几个方面，作出了明确部署。

江苏：

以"五个第一"奠定了江苏质量诚信体系建设工作中全国排头兵的位置。

第一个出台质量诚信体系建设十二五规划。2011年11月省质监局印发了《关于建立工业企业质量诚信体系的实施意见》，对十二五期间全省质量诚信体系建设作出了长期规划。

第一个建立完整的质量信用评价指标体系。2011年11月出台了《江苏省质量信用评价现场核查报告》。

第一个制定质量信用评价地方标准。2011年10月在全国率先出台并实施了DB32/T 1926-2011《工业企业质量信用评价》，实现了质量信用管理工作的标准化。

第一个开发质量信用评价信息管理系统。2011年11月份，启动江苏省工业企业质量信用评价管理信息系统项目。质量信用评价管理信息系统，通过一期建设，现有6大功能模块，具体包括质量信用档案管理、质量信用等级新申请、AA级及以上级别申请、质量信用等级降级、质量信用等级升级、查询统计。基本实现了质量信用管理工作的全流程覆盖。

第一个以省政府名义设立质量信用奖项。2010年以省政府的名义设立了对质量信用AA级企业的专项奖励……

五、温州：从失信者到质量诚信建设的先行者

1987年的一天，时任温州市市长的卢声亮收到一对东北新婚小夫妻给他寄来的一双破鞋。鞋中夹了一封短信，自述新郎大婚前刚买了一双温州皮鞋，但在婚宴上，新鞋就开了帮，揭开后，发现里面塞的竟然全是马粪纸。"你们温州人拿这种劣质皮鞋坑人，你当市长的脸红不红？"

一市之长的卢声亮脸红了。而且，接到那双鞋的当晚,卢声亮一夜无眠。

脸红的当然不止卢声亮,商业部原部长胡平的女儿曾在武汉一家商场买了双温州皮鞋,只穿了一天鞋底脱胶。身为全国商业系统最高领导的胡平,在女儿面前又岂止是"脸红"那么简单?!

事实上,在20世纪80年代的中国,温州鞋可以说是恶名昭著,这从大众送给温州鞋的种种"雅号"便可见一斑:

"星期鞋"——意指温州鞋的寿命不超过一个星期;

"出门鞋"——出门时穿上新买的温州鞋,回家后便会开胶裂底;

"晨昏鞋"——早晨离家新鞋,傍晚回家破鞋;

"过街鞋"——从街的这头走到街的那一头,一双崭新的温州鞋便完成了自己的历史使命;

"小时鞋"——极言温州鞋的寿命只能以小时计;

"短命鞋"——此"雅号"直截了当,表述清晰,无须解释……

很显然,温州鞋病了;而且,已经病入膏肓。但事情本不应该是这样的。

因为,温州人做鞋的历史相当悠久。据考证,明朝成化年间,温州鞋就已经成为皇家贡品——能够成为贡品,足可想见当初温州鞋质量之优。

而且,即使在20世纪七八十年代之交,温州鞋依旧是市场上的畅销品。借助改革开放的天时之利,在民间历来就极为盛行、技术工人和原材料配套相当完善的制鞋业,迅速崛起。然后,依靠遍布全国各地的温州销售大军,将大批的温州鞋通过肩挑背扛,源源不断地运往各个城市。款式新颖、价格适中的温州鞋立刻得到了消费者的青睐,在市场上供不应求。

但剧情很快反转——眼看温州鞋大杀四方,大赚特赚,许多技术落后、工艺水平低下的企业急功近利,使得大量劣质温州鞋"冲"进了市场;一些利欲熏心的作坊,偷工减料,用人造革冒充真皮;最为荒唐的是,支撑皮鞋的"骨架"和鞋底,竟然用硬纸板代替!

质量如此低劣、不诚信到令人发指的温州鞋,自此走上了一条有去无回的断头路。

1987年8月8日,杭州武林广场。杭州市下城区工商局工作人员的一把火,让5000多双劣质温州鞋化为灰烬。

紧接着,许多地方也开始了规模浩大的"围剿"温州鞋的运动。武汉、重庆、大连等深受温州鞋之害的城市相继燃起了焚烧温州鞋的烈火。全国几十个大中城市的商场联合起来,拒绝销售温州鞋。有些商场、鞋店为了免受池鱼之祸,纷纷在店堂门口挂出"本店无温州货"的牌子。一时间,温州鞋成为人人喊打的过街老鼠。为了生存,许多企业讳言姓"温",转而与上海、广州、深圳的许多小鞋厂或乡镇鞋厂搞起"挂牌联营",实际上就是花钱租用对方的名号,希望以"上海制造""广州制造"的牌子,谋求出路。但这种假联营很快就受到有关部门的严厉打击而难以为继。

温州鞋业此时真的走到了山穷水尽的末路。

覆巢之下,焉有完卵?对温州鞋的大规模围剿,也让那些原本认真做鞋的温州商家遭受无妄之灾。如今的温州市鞋革协会理事长、康奈集团董事长郑秀康,那时还只是一个叫"鸿盛"的小鞋厂的厂长。武林门火烧温州鞋后的一天,上海华联超市的经理把他叫去,说,你这个"鸿盛"的鞋子,不能在华联卖了,要撤出!郑秀康当时就急了:"我的鞋子又不是纸做的,在你这里卖得好好的,为什么要撤出?"郑秀康有理由不服气。他当然知道,他的一些同行,根本不管质量,更无所谓诚信,在只有一把锤子、几把剪刀和一个煤球炉的简陋小作坊里,制造出一双双坑害消费者的劣质温州鞋。但他不是啊。他是想好好做鞋的,他推向市场的"鸿盛"鞋,是经得起检验的。但华联的经理告诉他:"你的鞋子是不错,可是出身不好,因为是温州鞋,所以一定要撤出!"

就像是当年"文革"时的"黑五类",一句"出身不好",鸿盛皮鞋便被扫地出门……

与郑秀康一样遭遇"错杀"的,还有如今的奥康集团董事长、全国五一劳动奖章获得者王振滔。

1986年,年仅21岁的王振滔在武汉某商场租下半个柜台,卖温州皮鞋。王振滔清楚地记得,那时他半个柜台一个月的销售额,竟然比商场10个柜台的销售额还高。但杭州武林门的那把火很快烧到了武汉。尽管王振滔推销的皮鞋不是伪劣产品，但也因为"出身"问题，柜台被工商局查封，4000多双质量上乘的皮鞋被以5元一双的价格拍卖——仅此一项，王振滔蒙受的经济损失就超过了20万。在当时，那可是一笔天文数字。

虽然，王振滔和一些诚实经营的温州鞋商很是质疑工商部门这种"宁可错杀一千，不可放过一个"的治理措施，但在当时严打温州鞋的大势下，他们的质疑只能是质疑，什么都改变不了。而且，他们也都强烈地认识到，温州鞋的末路，是温州人自己枉顾质量、不讲诚信造成的。作为温州商人，他们只有知耻后勇，牢牢树立质量为本、诚信为魂的质量诚信意识，才能重塑温州产品的形象。

1988年3月，王振滔筹资办起了奥康鞋厂。第二年年初，王振滔带着自己生产的皮鞋重返武汉，自产自销。可一连半个月，一双也卖不出去。王振滔急中生智，在卖鞋的柜台前贴出大红告示，称他所卖的温州皮鞋并不是劣质鞋，而是经久耐穿的"奥康牌"皮鞋，如果这些鞋子在六个月保质期内出现质量问题，他将以一赔二。终于，有一位顾客半信半疑地买了一双。王振滔立刻递过一支笔，要求他留下姓名和通信地址，并告诉他："您将是奥康皮鞋永远的荣誉顾客；将来奥康要是做大了，奥康皮鞋让你免费穿一辈子！"

这件新鲜事被武汉的媒体报道后，奥康皮鞋的名气一下子就响了。王振滔带去的10箱4000双皮鞋，不到10天就被闻讯而来的市民一购而空。第二个月，质量好、重诚信的奥康皮鞋卖出了近9000双……

几乎与此同时，郑秀康也在用自己的行动，一点点改变着人们对温州鞋的印象。

武林门火烧温州鞋后，制鞋工艺已经领先温州同行的郑秀康，为了最大限度地提升鞋品质量，购买了温州制鞋史上的第一条绷帮流水线，随后，又引进了台湾地区、意大利的制鞋生产流水线。在温州制鞋史上，康奈为机械化制鞋开了先河。流水线制鞋后，质量大大提高，郑秀康也获得了丰厚的回报：他们生产的"大利来"皮鞋，每双售价高达400元，是一般皮鞋的3～4倍。即使如此，质量上乘的"大利来"，在市场上依然供不应求。

为温州皮鞋"争气"的，当然不止王振滔和郑秀康。

1991年，温州一家鞋厂别出心裁地设了一个奖项"捉劣奖"。该厂6月1日起发售各地的皮鞋，每双鞋的鞋盒中都附有一张"捉劣券"，上书：凡购买本厂皮鞋，从售出之日起，如在3个月内发生断底、裂面、断帮及脱胶等问题，除给调换新鞋外，并发奖金60元，以示对用户负责——给出这样的"捉劣券"，至少说明，相当多的温州鞋商，对于自己产品的质量，已经有了充分的底气和自信。

市场和相关部门，也感受到了这份底气和自信。几年前火烧温州劣质鞋的杭州市下城区工商局，派人专程到温州，邀请温州的皮鞋厂家重新到杭州开设窗口。

对质量诚信的孜孜以求，让温州鞋业的春天如期而至：1993年，中国首届鞋业大王博览会上，由国家工商局主持评比的"中国鞋业大王"揭晓：郑秀康苦心孤诣经营数年的康奈皮鞋被评为中国鞋业大王，温州另外两个品牌霸力和吉尔达分获中国创新鞋王奖和金鞋奖。1996年10月份，康奈皮鞋被评为"中国十大真皮鞋王"。到1998年，王振滔的奥康皮鞋脱颖而出，与康奈和吉尔达一起斩获"中国十大真皮鞋王"奖——中国10个真皮鞋王奖杯，一下子被温州拿来了3个。曾被人诟病多年的"温州鞋"，一下子名动全国。

而其中的原因，从下面两组数字的对比中，便一目了然了：1989年以前，温州鞋的剥离强度合格率不到30%，全性能合格率只有10%左右；到了1994年，剥离强度合格率达98%，全性能合格率达到81%。

这两组数字，足以说明温州鞋质量上的飞跃，更昭示了温州鞋商诚信意识的极大提升——按一位鞋厂老板的话说，就是"无诚信，不质量"！

当然，温州鞋业的重兴，更来自于温州市委、市政府对质量诚信的强力推动：1991年，温州市委、市政府提出"质量立市"的发展战略；1994年颁布我国第一部质量立市的地方性法规《温州质量立市实施办法》，并于当年5月10日在温州市体育馆召开万人动员大会。以此为标志，温州开始了以规范市场经济秩序为基本取向，以实施质量立市和诚信温州建设为战略重点的"二次创业"。

从那以后,"质量为企业之本,诚信乃产品之魂"的观念,在温州深入人心。温州的企业家们卧薪尝胆,一手抓质量,一手铸诚信,打造出了一批知名的温州质量诚信品牌。

凤凰鸣矣,于彼高岗;梧桐生矣,于彼朝阳——2001年9月12日,温州鞋业迎来了发展史上的一个里程碑:中国轻工业联合会、中国皮革协会正式命名温州为"中国鞋都"!

2002年,温州市政府决定,将8月8日——1987年武林门火烧温州鞋的日子——确定为温州的"诚信日",以使每一个温州市民都牢记质量,不忘诚信。这也是全国所有城市中设立的第一个诚信纪念日。

此后的十多年里,经历过凤凰涅槃、浴火重生的温州鞋业一直在一条重质量、讲诚信的健康之路上,走得平顺而自信,踏实而坦荡;康奈、奥康等温州的著名品牌,时至今日依然屹立不倒。而在中国质量诚信体系建设的大版图中,温州也成为最有影响、最具活力的板块之一。

六、魏传忠:愿质量诚信之花开遍华夏大地

在中国质量诚信体系建设的进程中,魏传忠绝对是一个绕不开的名字。

2007年至2014年任国家质量监督检验检疫总局副局长。任职期间,正是全国检验检疫系统质量诚信建设工作勃兴之时。这一点,仅从一些媒体的标题新闻便可见一斑——

2009年:福建省100家主要进出口企业在福州联合签署《进出口企业质量诚信倡议书》;河北出入境检验检疫局在石家庄召开"质量提升暨诚信企业表彰"视频会议……

2010年:全国进出口企业质量诚信经验交流会在浙江召开;2010年进出口质量诚信企业推介工作全面推开……

2011年:全国检验检疫信用AA级企业暨行业质量诚信企业经验交流会召开;上海出入境检验检疫协会积极开展上海地区质量诚信活动……

2012年:国家质检总局发出通知,全面推进质量诚信体系建设;全国进出口企业质量诚信创建工作会议在安徽召开……

2013年:全国质量信用评价工作座谈会在江阴召开;广西检验检疫协会"行业质量诚信经验交流会"在南宁举行,12家企业获评"中国质量诚信企业"……

而魏传忠则以忘我的工作热情领导和大力推动了全国质检和检验检疫领域的质量诚信建设。2010年8月,魏传忠在进出口会员企业质量诚信建设工作会议上发表讲话,提出质量诚信建设任重道远,必须常抓不懈。同年11月,他在全国进出口企业质量诚信经验交流会上提出,必须从管理系统的推广应用、理论研究、组织领导和监督检查等方面入手,加大质量诚信建设的力度。2011年9月23日,他在浙江省"千家工业产品生产许可证获证企业产品质量安全诚信承诺活动"启动仪式上,发表题为"打牢质量诚信基础 提升产品质量水平"的讲话;2012年5月4日,他在全国进出口企业质量诚信创建工作会议上,发表题为"立足当前 着眼长远 深入持久推进质量诚信建设"的主旨讲话;2013年5月21日,他在北京召开的进出口企业质量诚信建设工作会议上,发表题为"积极探索质量诚信建设之路"的主题演讲,并号召与会者在落实党的十八大精神的开局之年,站在更高的起点上推动质量诚信体系建设……

除此,他还利用所有的机会,向社会各界宣讲质量诚信建设。可以说,那几年里,他是就质量诚信建设问题发声最多的共和国部长之一。

2013年11月11日,中国检验检疫学会成立。退休后的魏传忠成为首任会长。学会的工作范围包括:开展国内外检验检测检疫学术交流;开展检验检测检疫方面的理论体系、技术体系、学科建设和发展战略研究;推动科研成果的转化和应用;承担政府部门委托的任务等。而质量诚信建设依然是魏传忠心里最牵挂的事业。在他的运筹下,2015年10月21日,中国检验检疫学会质量诚信建设委员会(简称"诚委会")成立。"诚委会"的宗旨是依托检验检疫机构技术优势,以推进和完善质量诚信建设为出发点,传播先进的质量诚信理念,倡导诚实守信、操守为重的行为准则;组织信用评价及其配套服务、建立信用信息交流平台;打造质量诚信企业,推进

企业信用管理。

随后，在质检总局和新华社的大力支持下，"诚委会"与新华网举办了"共建'质量中国'平台签约暨中国企业质量诚信网上线仪式"活动，并大获成功。

2016年6月28日，"诚委会"第一次工作会议在北京召开。会议正式通过了《中国检验检疫学会质量诚信建设委员会工作规则》，还就发布中国企业质量诚信指数、公示中国质量诚信企业、建立质量诚信研究院、举办质量中国峰会等事项进行了深入讨论。魏传忠主持会议并讲话。讲话中，他对"诚委会"接下来的工作提出了三点要求：

一是建好"质量中国"平台，提高质量宣传水平。

二是抓好协议落实，争取早见成效。

三是加强诚委会自身建设，规范诚委会管理，为政府、行业、企业提供质量咨询服务，提供决策依据，助推质量诚信体系建设发展。

从这天起，成立不到一年的"诚委会"，开始成为中国质量诚信体系建设中一个有着广泛影响力的社会组织。

2017年春节刚过，魏传忠就开始谋划2017广州国际检验检测高峰论坛。在他的倡议和力主下，高峰论坛期间，还将同时举行"质量诚信建设论坛"。魏传忠的努力获得了丰厚的回报——3月31日，2017广州国际检验检测高峰论坛·质量诚信建设论坛如期举行。建设质量诚信体系的重要性和紧迫性得到参加者普遍认同。相关专家、学者以及多位质量诚信企业家代表就"质量诚信建设与标准建设、质量诚信建设与企业发展"等话题展开交流和探讨。论坛现场，多家质量诚信企业代表共同发起了质量诚信建设倡议。魏传忠在论坛致辞中表示，"质量引领发展、诚信开创未来"；质量诚信是保证市场经济下契约和文明规则实现的前提，质量诚信体系则是社会诚信信用体系中至关重要的一环。这项功在当下、利在千秋的系统工程，需要企业和社会组织等发挥自身技术、人才、组织优势，共同推进诚信体系建设……

作为中国检验检疫学会的掌门人，魏传忠这几年里最广为人知的作为和成就，是一手构建了以科技鉴定为基础，以经验鉴定为借鉴，以标准计量为依据，以认证认可为手段，以检验检测为依托，以信息化为平台的"六位一体"艺术品鉴证质量溯源体系和以诚信企业为主体、以质量标准为基准、以检验检测为依托、以质量溯源为手段、以质量保险为保障，并以大数据为平台的"五位一体"质量品牌电商支撑体系。两大体系要解决的是电商和艺术品市场产品质量低劣和诚信严重缺失的问题；归根结底还是质量诚信问题。

目前，在质检总局、海关总署等部门的指导、支持和大力配合下，这两大体系的落地工程正在稳步推进中。"我期待着，通过我们的不懈努力，有一天，质量诚信之花会开遍华夏大地。"魏传忠说。

七、结语

虽然，这些年来质量诚信体系建设已经取得了不俗的成绩，但现实的状况是，质量诚信建设依然面临着很多的困难和挑战。

根据360搜索大数据发布的《2016年"双11"消费趋势大数据》白皮书显示："双11"期间，假冒伪劣商品、售后服务困难、提前提价再降价等问题不断影响用户购物体验，手机数码、鞋帽服饰等成为投诉重灾区。部分网络贸易假劣商品高达40%以上。

2017年的3月14日，国家质检总局支树平局长在十二届全国人大五次会议记者会上透露，去年国家质检总局共抽查6890多批次电商产品，检出不合格产品2122批，不合格率超30%，远远高于线下商品的不合格率——这一数字，可以说触目惊心。同时，也说明我们的质量诚信建设依旧任重道远。

但我们有充分的理由相信，有党中央、国务院的坚强领导，有国家相关职能部门的大力推进，有广大群众的积极参与，终有一天，质量诚信体系建设会在中华大地上开出鲜艳的花，结出丰硕的果。

中国质量诚信建设永远在路上。诚信

（本文作者系中国青年杂志社编审、共青团中央高级职称评审委员会评委）

专题访谈

人民军队的大诚与大信

——专访中国军事文化研究会会长程宝山中将

文／刘新平、范箭鸣、相振华

诚信是社会主义核心价值观的重要内容，在新的历史条件下，大力弘扬诚信文化，建立诚信体系，对全面建设小康社会、实现中华民族伟大复兴具有十分重要的意义。在诚信文化中，军队的诚信文化又是一个十分重要而又比较陌生的内容。军队诚信的基本内涵是什么？人民军队的诚信文化对社会有些什么影响？为此，我们专访了中国军事文化研究会会长程宝山中将。

问：程会长，您是中国军事文化研究会的掌门人，在进入正题之前，先请您介绍一下军事文化研究会的情况好吗？

答：好的。中国军事文化研究会是2014年2月经中央军委、原总政治部同意，国家民政部批准成立的，主管单位是中央军委政治工作部。其宗旨是：继承发扬中华民族优秀军事文化传统，总结军事文化建设经验，培养军事文化人才，传播军事文化知识，为实现党在新形势下的强军目标，为中国先进军事文化创新发展，为建设听党指挥、能打胜仗、作风优良的现代化军队贡献力量。

军事文化是人们在军事领域活动中所创造的物质财富和精神财富的总和。由于中国是一个几千年历史传承的统一国家，因此中国的军事文化不仅历史悠久而且内容深邃丰富。无论是古代军事文化，还是近现代军事文化，特别是我们独特的红色军事文化，都是非常精彩的，可以说是一个军事文化的宝库。我们说的中国军事文化是一种大文化、大智慧、大视野、大战略。军事文化来源于战争实践，并对新的战争实践起着指导作用。而在这个过程中又不断地丰富、发展和完善自身。军事文化同其他文化形态一样，具有传承性，在继承中创新，在创新中发展。

在文化复兴、文化强国、实现中国梦的大战略中，中国军事文化的研究、传播和创新发展，无疑是一支重要的力量。用军事文化去影响社会文化，建设先进文化，引领时代文化，是中国军事文化研究会的一项光荣的战略任务。

问：中国军事文化研究会成立以来，做过哪些有成效的工作或活动？

答：中国军事文化研究会自成立以来主要做了这样一些工作：

一是首次成功举办了中国军事文化高端论坛。当今中国，不仅是经济大发展的时代，也是文化大繁荣的时代。随着改革开放的不断深入，各种文化交流激荡，新的文化理念、文化形式层出不穷，各种文化论坛蓬勃发展，政治的、经济的、科技的、文化的，等等，可谓百花齐放。论坛已成为当今人们思想文化交流的一个重要平台。然而放眼望去，在众多的论坛中，唯独没有军事文化论坛。中国军事文化高端论坛的创立，就填补了这样一个空白，也给军事文化从军旅属性进一步走向社会、面向大众提供了一种选择。军事文化研究会已分别以"军事文化与强军目标""长征精神与强军实践"为主题举办了两届高端论坛。今年我们将举办以"军民融合"为主题的第三届高端论坛。

二是推出了《今日钢铁长城》——"强军梦"大型系列摄影展的首展。这是习近平主席提出"强军梦"的概念后，首次围绕强军梦举办的摄影展，整个展览将主题全部聚焦在军事上，集中展示了科技强军的武器装备及其训练成果，集中展示了我军将士能打仗、打胜仗的自信和素养，集中展示了我军执行援外维和任务的能力。这个展览已经走出国门，于2015年应邀到埃及进行了两次展出，取得了良好宣传效果。这是军事摄影展首次走出国门。

三是编辑出版了大型系列丛书《将军文化典藏》（诗词卷10卷本）。这是我们推出的一套大型系列丛书，规模宏大，内涵丰富，凸显了将军文化的博大精深，展示了当代军人的价值追求、生活理念以及将军这一群体的文化情怀、道德操守、志向意趣。第二批10卷本散文卷已完成选编工作。

四是设立了军事文化讲坛。军事文化讲坛是坚持政治导向，突出军事特色，弘扬时代精神，传播先进军事文化的大课堂，是社会公益课。先后邀请金一南、徐焰、赵丕、乔良、戴旭等著名专家学者举办讲座20余次。全国几十家平面和网络媒体就此进行了广泛而深入的报道。

五是推出了《播撒雷锋精神的种子——雷锋生前所在团学雷锋主题摄影展》。以"雷锋团学雷锋"为主题的摄影展在全国尚属首次，意在推动深入学雷锋活动，践行社会主义核心价值观。

六是举办了《共和国上将书画作品展》。这是军事文化研究会的一个品牌项目。首届以《抗战精神：不屈的国魂》为主题，从军事文化独特视角，着力诠释共和国上将对伟大抗战精神的历史思考，学习宣传了习近平主席"9·3"讲话的重要精神。目前正筹备以"英雄礼赞"为主题的第二届展览。

七是举办了以互联网与强军梦为主题的网络论坛。这是一次学习理解习主席关于政治工作要过好网络关论述的主题论坛，以社团出面牵头、面向社会互联网相关活跃群体来组织论坛，在国内尚属首次。近百家媒体、自媒体联署发布了《网络倡议书》，引起社会关注。

八是编纂出版大型军事理论丛书《文韬武略》。为纪念中国共产党建党一百周年，中国军事文化研究会与人民出版社达成战略合作协议，共同出版大型理论丛书《文韬武略》。这套丛书旨在总结整理我军自建军以来的军事理论成果，传承、弘扬我军优秀军事文化，推动军事理论创新发展。这套丛书已正式列入人民出版社出版计划，进入纪念建党100周年的献礼工程。

九是组织创作拍摄大型系列电视纪录片《红色记忆》。拟分《纪念碑的故事》《战将传奇》《英雄连队》《根据地的故事》等专题，全景式地记录近一个世纪以来的红色历史，使之成为一部史诗性的电视纪录作品。

问：军事文化是一个国家传统文化的重要组成部分，是民族生存和发展的重要力量。您认为，目前有哪些方面的研究是需要关注和加强的？

答：当前需要关注的有这样几点：

一是军事理论的研究和创新。这包括军事战略、作战理论、军队编成和建设原则等，军事理论是军事文化的核心，对制胜战争具有重要的指导作用，特别是在当前贯彻习主席改革强军战略的情况下，加强军事理论的研究和创新就显得特别重要。

二是对军事文化优秀传统的研究和传播。文化是历史实践的成果，它的传承是不能割断的，一旦文化传承断裂了，那对一支军队甚至一个国家的影响将是根本性的。谁要想推翻一个政权，颠覆一个国家，否定它的军队历史和军事文化是一个重要的突破口，这也是近几年历史虚无主义有所泛滥的根子。当前，我们传承优秀的特别是红色军事文化传统的任务很迫切，任务很重，我们决不允许否认我们的历史，否认我们的英雄，必须让红色血脉代代传承。

三是军事文化建设如何适应时代要求。文化是历史传承，更是一个动态发展的过程，如果没有创新发展，传统文化就会从先进变为落后。因此，文化如何适应时代的发展特别是未来战争的需要，是军事文化建设的一个大课题，这个课题在很大程度上就是习主席强调的如何过好网络关、时代关。

四是军事文化遗产的保护。中国的军事文化特别是革命的红色军事文化遗产非常丰富，具有极大的挖掘研究和保护价值，比如仅烈士纪念碑全国各地就有几千座，这些都是重要的历史记载，保护好、利用好、开发好对于我们文化建设和经济建设都具有重要作用。这个问题我们已经有了一个专题的研究报告。

五是军事文化的传播和交流。目前我们在这方面有很大的空间可以做一些事情。军事文化的交流和合作是国家外交和改革开放大局中的一个重要组成部分，要适应国家经济建设和国防建设发展的需要，积极主动地选项、做工作，让世界通过军事文化的具体交流、具体实际的认识了解中国的军事战略和国防政策，为"一带一路"等大战略的落实提供文化支持。

与此同时，最需要特别强调，必须认真研究、学习和贯彻的一个重要方面，就是习近平同志担任军委主席以来，站在世界格局变化和中国发展需要的战略高度，提出了一系列关于军队和国防建设与改革的重要论述、理论和思想，继承、丰富和发展了中国优秀的军事文化，开启了我国军事改革的历史性进程，这将在根本上决定我们这支从古田再出发的人民军队，朝着怎样的方向前进、变革和强大，以实现伟大的强军梦、中国梦。

问：几千年来，诚信文化影响和滋润了中华民族的思想意识和行为方式，你认为，诚信文化在军事领域是否也有体现？

答：中国几千年来倡导的人无诚信不立、家无诚信不和、业无诚信不兴、国无诚信不稳、世无诚信不宁的理念，昭示了诚信文化的珍贵价值。毫无疑问，诚信的理念在军事文化中也有充分的体现。中国自古以来就有"军中无戏言"一说，说明诚信在治军带兵中的作用。治军重诚信，无诚信则事危。军事行动小则事关将士生命，大则事关百姓安危、社稷存亡。在中国有一个流传很广的故事，就是周朝的"烽火戏诸侯"。周幽王用烽火台戏耍诸侯的办法，换得了美姬一笑，但从此失信于诸侯。等到敌军果真来犯时，虽然点起了烽火，却无援兵赶到，导致周幽王被杀，西周灭亡。这个古老的故事说明一个道理，即使在旧军队，军无诚信，也是必败无疑。对于军人来说，在战争中，谎报军情，是杀头的死罪。所以说，讲诚信是军队立威、军人立命之本。讲诚信，对社会而言很重要，对军队而言更重要。

我们常说的"军人以服从命令为天职"这句话,说明诚信是对军人素质的基本要求,也是诚信文化在军事文化中的重要体现。

问:我们知道,我军有着光荣的革命传统,作为党绝对领导下的人民军队,军人的最大诚信是什么?

答:我军是执行革命政治任务的武装集团,是中国共产党绝对领导下的人民军队。军人肩负着捍卫国家主权和领土完整、保卫人民利益不受侵犯和美好幸福生活的神圣使命与任务。因此,诚信对于我军和每个军人而言,具有极其重要和特殊的意义。人民军队的诚信,不是个人义气,而是大诚大信,是更高层次的诚信。军人最大的诚信就是对党绝对忠诚。习近平主席反复强调人民军队要坚决听党指挥,对党绝对忠诚。军人讲诚信,就是要坚决维护以习近平同志为核心的党中央,保证任何时候任何情况下都与党同心同德,一切行动听党指挥,一切向党看齐,为捍卫党和人民的利益而顽强奋斗,自觉奉献,甚至不惜牺牲自己的生命。可以说,对党绝对忠诚是革命军人的特质,是人民军队军魂的集中体现。

最近我们在整理中国革命中的英烈事迹,其中一些革命烈士的遗文非常令人震撼。方志敏在狱中写的一首诗中说,"敌人只能砍下我们的头颅,决不能动摇我们的信仰!"杨超就义时高声朗诵,"满天风雪满天愁,革命何须怕断头?"吉鸿昌在刑场上用树枝写下他的壮言:"恨不抗日死,留作今日羞。国破尚如此,我何惜此头!"蒋先云在"中山舰事件"后,蒋介石许以高官厚禄,要他脱离中国共产党,他斩钉截铁地回答:"头可断,而共产党籍不可牺牲。"周文雍绝笔诗:"头可断,肢可折,革命精神不可灭。壮士头颅为党落,好汉身躯为群裂。"这些惊天地、泣鬼神的豪言壮语,正是他们对党对革命事业的大诚大信。

问:数年前,某著名网站曾公布某年度中国人信用大调查,其中军人诚信指数名列榜首。人们心目中对军人讲诚信、守诚信的认可度这样高,您认为有哪些因素?是什么原因?

答： 人们心目中对军人讲诚信、守诚信的认可度这样高，无疑是对军人诚实守信的一种褒奖和激励，同时也是一种鼓舞和鞭策。作为军人，我们应该感谢社会，感谢人民群众！这说明，在文化多元化的冲击下，军队仍然坚守了我们的主流文化，向社会展示了文明形象，传播了正能量，从总体上抵制了腐朽文化的侵蚀和影响，经受了改革开放和市场经济的考验。这完全是我军坚持党对军队的绝对领导，坚持人民军队的根本宗旨和我军的光荣传统，坚持不懈抓好思想政治建设，坚持培养"有灵魂、有本事、有血性、有品德"的"四有"军人等长期有效教育实践的结果。

军人诚信理念的养成，不是一朝一夕之功，而是经常性的养成，这是我军的优势所在。一是理想信念的引导。没有远大的理想和坚定的信念，诚信就缺乏远大目标，理想是我军的诚信之源，这一点至关重要。二是道德品质的熏陶。我军任何时期都重视为人民服务的宗旨教育，这也是我国仁德思想在人民军队中的体现。三是严格纪律的约束。从红军初创时期的"三大纪律八项注意"到各个时期的条令条例、法规的制定、颁布，无疑对诚信建设和诚信养成起到了潜移默化的作用。四是先进典型的示范引导。众多的英雄模范人物的树立和学习，无疑是给大家一个日常的行为标杆，如学雷锋活动等，向先进人物学习的开展和坚持，都对诚信建设起到积极的引导作用。五是尊崇荣誉的制度。我军历史上有许多褒扬英烈、先进人物的制度，大大增强了军人的荣誉感、责任感。今年我军首次设立"八一勋章"，更是激发了军人忠诚于党、忠诚报国的使命担当。

问：在新的历史条件下，如何加强诚信建设，军事文化中的诚信文化建设对我们培育社会主义核心价值观有什么启迪？

答： 三十多年的改革开放，为中国的发展注入了强大动力，中国的崛起已经成为一个世界性话题，其中也有一些人和势力心理不平衡，忌妒和惧怕中国的发展，利用各种手段特别是文化舆论的手段，企图唱乱中国、唱衰中国，这是很值得我们深思和关注的。我们对中国的政治制度充分自信，对中国的经济发展充分自信，对中国的国防和军事力量充分自信。但真正让我们担忧的则是我们的文化教育和文化建设。大家都可以感受到，金钱对文化的绑架，市场对道德的冲击，已经到了令人不能容忍的地步！文化娱乐的低俗和庸俗，文化价值观念的极度扭曲，尤其是西方的政治、经济、文化、道德、理论的多方面渗透，中国优秀传统文化教育的缺失，对当代中国先进文化的冷漠及忽视，非常值得我们忧虑。

当前在整个文化市场中军事文化的逐步被弱化，表面看只是年轻人文化追求的变化，实质却是在庸俗文化、低俗文化泛滥的舞台上，我们传统的优秀民族文化和先进的革命文化的被淡忘、被丢失。这是一场文化的危机！年轻人的时尚追求往往成为一个时代的文化风向标。你提倡什么样的文化，年轻人就会有什么样的追求。对青年一味迎合，就是忘记了文化传播的社会责任和教育功能。

党的十八大提出了"三个倡导"24个字的社会主义核心价值观。习近平主席明确提出："培育和弘扬社会主义核心价值观必须立足中华优秀传统文化"，强调"建设文化强国，必须立足于中国优秀传统文化的根基，汲取营养，获取力量，赋予时代精神"。在新形势下加强军队的诚信文化建设，具有重大现实意义。军人以戍边守土、保家卫国为己任，履行对党、国家和人民许下的诺言和义务，这是对军人职责使命履行的根本要求。当代革命军人如果没有熔铸在广大官兵头脑中的诚信品格作为道德基石，就谈不上社会主义核心价值观的养成，也谈不上对当代革命军人职责使命的担当和践行。因此，必须坚持把建设诚信文化，培育诚信品格，作为军人思想政治教育的一项经常性工作和基础性工程。

问：可以给我们的读者一句赠言吗？

答： 诚通天下，信达四海；守诚笃信，无往而不胜。 诚信

法学视野中的诚信建构

文/李仕杨

综观中国社会发展的历史长河，我们不难发现，在每一个社会转型阶段，在某一些方面会出现断裂，在一些外力作用下或内在进化的驱动下，原有的社会结构和社会秩序会被打乱，然后需要重新搭建。社会学家费孝通先生认为"乡土中国"的社会结构是"差序格局"，①然而一个不争的事实是中国从20世纪70年代末到现在都是一个转型社会，已经打破"差序格局"，需要建立一种新的、符合社会历史发展的社会结构模式，而且实践也证明这个转型是必须的，不转型我们的社会生存空间会越来越小，社会发展的惯性是非常巨大的，尤其是人们的心理思维和行为方式，如果通过人为的方式强行改变这个惯性，改变社会发展的方向，那么这个转型是痛苦的也是需要付出很大代价的。英国经济学家哈耶克则极力反对人为建构社会模式，主张"自生自发"的社会发展模式，②他认为在不具备社会转型的条件下转型是要付出代价的，但是在条件成熟，加以人为的外力推动以及制度设计等，这样不但会减少代价，还会加速社会的发展。

我国进入社会转型期，各方面的发展极其不协调，但总体来看，经济体制改革是比较成功的，政治体制改革方面人们的现代道德素养的塑造方面却相对比较滞后，"社会的发展总要从非常规化向常规化迈进，这是一个必然的发展趋势"③。目前，由于社会利益结构的巨大变化和长期调整，社会原有的道德、信仰、法律等受到了空前的挑战和冲击，但新的道德、信仰、法律还尚未建立或尚未完善，这就使得很多方面没有规则的约束，出现失范现象，尤其是非诚信行为的大量出现，短期来看，社会成本低廉，收益极大，往往会给其他社会成员提供模仿追随的榜样，整个社会就要付出惨重的代价，这一点目前在商业经济领域已经显现，所以在道德和法律层面重塑社会诚信，已成为当务之急。

一、有关诚信问题的法律溯源

随着社会经济的发展，人与人之间的交往变得频繁而复杂，当存在违背信用而危及社会安全、仅以道德约束不足以防止时，信仰观念就会从单纯的道德约束演化为法律约束性质，也就是说道德层面的诚信规范就随之演化为法律层面的诚信规范，这就是我们司法领域经常提到的一项重要原则——诚实信用原则。

考察法史可知法律吸收道德观念最早可以追溯到罗马法。当时的罗马立法者发现这样一个问题，无论怎么缜密的立法都不可能涵盖一切社会关系活动，特别是在经济领域，于是立法者就开始制定一些柔性的道德性法律规范，最著名的就是诚信条款，它在当事人恶意规避法律的情况下赋予了法官一定的道德裁量权。例如，《法国的民法典》第1134条规定："契约应以善意履行。"④这里的"善意"指的就是"诚实信用"。到19世纪中期以后，西方国家个人利益的社会风气日盛导致了许多的社会问题，于是官方开始倡导重视社会利益优先的思潮涌动，资本主义国家开始重视道德规范对调节社会关系的作用。1896年《德国民法典》第242条规定："债务人应以诚实信用，并按交易惯例，履行其给付。"⑤这是首次将诚实信用原则适用范围扩大到债法领域。1907年的《瑞士民法典》第2条规定："无论任何人行使权利、履行义务均应依诚实信用为之。"⑥这进一步把诚实信用原则的范围扩大到一切公民的商事活动范围，使之成为民法的一条基本原则。

从我国的法律来看，《民法通则》第4条规定："民事活动应遵循自愿、公平、等价有偿、诚实信用的原则"[7]，这就确立了诚实信用原则在民法基本原则的地位，紧接着后面的《反不正当竞争法》第2条、《票据法》第10条、《保险法》第30条及《合同法》第6条都有涉及诚实信用原则的规定，这是对中国法律研究成果与先进立法案例的积极响应，具有较大的应用价值。

二、法律层面规范社会诚信的可能性和必要性

道德和法律的关系问题是一个亘古以来的话题，在原始社会主要靠道德习惯来维持社会秩序，而在阶级社会则靠道德和法律来共同维持，可以说"道德的终极指向就是道德决定制，以法制为终极指向的就是现代法治社会"[8]。

（一）可能性

（1）信用本质上也是一个法治问题。著名学者孙宽平指出，信用表面上是一个道德问题，但本质是一个法治问题，因为现代信用是市场主体依据市场经济的基本规律在交易过程中确立的一种制度安排。市场经济是法制经济，法制不仅体现在法律条文的明确规定，还体现在人们在交易活动中普遍遵守的行为准则和法治意识，这些准则和意识作为市场交易的行为规则构成信仰的基本内容。[9]道德和法律在古代社会和现代社会都是缺一不可的，是一个相同范畴内对等的哲学概念，它们是互为条件产生并存在的。一个国家通过立法把公认的道德提升为法律，由法律来严守社会成员行为规范的底线，以保障社会的良好道德风气，但是如果只强调法律而不讲道德则不能很好地优化执法的效果。

（2）道德决定制向法治社会转型。近代文明得以形成的主要原因之一就是道德决定制不断向法治社会转型，综合运用道德和法律这两个工具，是历代统治者统治经验的总结。从英国的"光荣革命"以后，西方建立起一种新型的社会，即法制社会，随后并以自身优势蔓延到全世界。中国受到的影响是非常大的，改革开放后，中国由道德决定制逐渐向法制社会转型。

（3）诚信乃道德和法制的双重向度。诚信作为一种道德和法制观念，具有双重向度，道德诚信和法律诚信具有密切的联系，法律诚信脱胎于道德诚信，但是法律诚信在继承道德诚信时，它就具有了法律上的特殊宗旨和功能。目前，人们探讨的诚信问题主要是道德诚信，但我们也可以发现，人们在讨论道德诚信的时候往往已经超越了道德诚信传统上所具有的"诚实守信"，其内涵更加丰富，可以简单地表述为：忠实地履行自己的各种道德、法律义务和职责，正当行使自己的权力和权利，自觉尊重和维护他人的权力、权利和利益等，这是人们在思想观念上的一种积极变化，可以感受到道德诚信正在向法律诚信迈进。

（4）道德对法律具有功能性补偿。观察中西方历史，我们知道不管哪一个国家的法律都具有其局限性，比如说保守的倾向性，不能应变的弊端，法律存在从管理走向强制，从控制走向压制的潜在危险等，为了减少和克服法律的局限性，应当进行适当的补充和匡正。实际上法治和德治从来都是相互蕴含和包容的一个整体，二者在相互调整方向上有很多重叠之处，因此法德结合，才能既保持外在的张力又相互默契，既相互独立又相互联系。

（5）法治现代化需要以普遍信任为特质的本土资源。法治现代化是由正式制度和非正式制度两种要素相辅相成的，而现代法治需要本土资源，本土资源对于中国的法治建设至关重要，什么是本土资源呢？这里所谈到的本土资源实际上就是非正式制度，它与正式制度相对，主要体现在"习俗规范、价值观、道德伦理、社会观念等"[10]中国政法大学苏力教授强调："寻求本土资源，注重本国的传统，往往容易被理解为从历史中去寻找，从历史典籍中去寻找，这种资源固然重要，但更重要的是要从社会生活中的各种非正式法律制度中去寻找，当代人的社会实践中已经形成或正在萌芽发展的各种非正式的制度是重要的本土资源。"[11]认真反思一下当今这个社会，社会的发展、文明的进步、科技成果的取得，无疑是人们之间信任与合作能力提升与发展的结果，因此，现代化的良法之治需要关注并需要以普遍信任为特质的本土资源。

（6）诚信理念在民商法中的具体化实现。我国社会从计划经济向市场经济转型过程中，传统的行政管理模式已经远远不能适应市场经济发展的需要，出现较为严重的社会信用问题，而整治经济秩序，重塑社会信用不仅仅需要加强诚信观念，加强道德建设，同时需要从法制建设入手，建立长期稳定的市场监管法律体系。在现代民法中，"诚信"不仅表现为一般原则，要求民事主体从事民事活动时，不得规避法律和合同，赋予民事主体一系列特定的权力与义务。在此就民法规范进行粗略统计，《民法通则》《合同法》《担保法》中涉及诚信原则的共有十三条，如《合同法》第60条第2款规定的"随附义务"，第42条规定的"前契约义务"，第92条规定的"后契约义务"等。王莉君指出：法律不仅可以通过调整性规范来提供一般的权利义务模式，还可以通过规定责任措施与救济措施的保护性规范来纠正违反调整性规范的行为，并通过国家行政、司法职能的干预，以维持恢复正常的社会秩序。[12]我们可以看出诚信理念在民商法中已经有了明确的规定，虽然表述上比较抽象，但在诚信与法律关系具体化方面已经有了相当的前瞻性。

（二）必要性

从法律制度的角度考虑信用问题，我们可以看出诚信失衡的实质实际上就是法律失范。目前的市场经济秩序混乱，信用缺失，坑蒙拐骗、假冒伪劣等现象十分严重，不可避免地加大了市场主体交易的成本，严重制约我国市场经济发展与市场经济秩序的形成。政府部门和社会各界都给予了极大的关注，2002年"两会"后，建立全国性的企业和个人信用征信系统，这意味着新的诚信体系将被建立起来。

（1）诚信失衡，重建社会诚信体系有助于克服市场经济的内在缺陷。在利益的驱动下，反诚信行为愈演愈烈，已经严重威胁到社会的正常转型和健康发展。以诚信原则为价值目标的诚信体系可以通过市场交易、市场竞争两个环节起到对"市场纠偏"的作用，在市场交易中对于法律未明确的情形应以一种善意的、顾及交易方的态度进行活动，公平、正当交易，不得损害其他竞争者的合法权益，不得干扰正常的竞争秩序。[13]

（2）诚信失衡，重建社会诚信体系可以纠正大量的反诚信行为。

我国的市场经济是在计划经济基础上转型的，在此过程中，出现了大量的立法空白，许多方面得不到制度规限，诸多的社会矛盾和问题暴露出来，如市场交易的不规范，"合同陷阱""价格欺诈"等，当务之急是要在较短的时间内制止这些行为，填补空白立法，既要严厉打击，还要重建我们的社会信用体系。

（3）诚信失衡，重建社会诚信体系可以从容应对外界因素的挑战。当下经济是一个全球化的经济时代，国内的经济主体与国外经济主体进行激烈竞争，如果不讲诚信，我们将失去国外消费者和客户的信赖，导致丧失商机，失去市场，甚至还会危及民族产业，因此，重建社会诚信体系已经刻不容缓。

三、建立我国社会诚信体系的法律路径

建立诚信体系是一项复杂而紧迫的社会系统工程，需要各方面的参与和支持，法律在该工程中的作用是根本性的、决定性的。

（一）厚植社会诚信体系建设的文化土壤——以德治国

"以德治国"的方针为社会诚信体系建设指明了方向，德治作为治理国家、治理社会的一种手段，是一定社会向人们提出各方面应遵循的行为规则，并通过各种形式的教育和社会舆论推动，使人们形成一种信念、习惯和传统来约束自己的行为，从而实现对社会的整体控制。[14]因此，坚持"以德治国"，要在全社会开展以诚信为内容的道德教育，注重道德教化的引导作用，让这种以普遍信任为特质的本土资源继续为良法运作提供环境，并作用于社会诚信体系建设。

（二）培育社会诚信体系建设的制度环境——依法治国

在现代市场竞争中，诚信的基础和依据首先是法律，所以实行"依法治国"完善社会主义法律体系便是营造社会诚信体系建设的制度环境的第一要务，因此，要与时俱进地更新法规制度体系，不断完善社会主义法律体系，为社会诚信体系建设奠定法律基础。因为法规制度体系的有效性，在于法规制度体系内在统一性、时效性。[15]法规制度的统一性要求制定的法规制度不能前后矛盾、内容冲突、互不衔接，要做到法规要求的明确性、确定性、一致性，在制度建设方

面制定的具体制度内容具有可行性、务实性、可操作性，另外党内法规制度要与国家法律法规不冲突、不矛盾，体现法规制度的衔接性、协调性、一致性。

（三）以政务诚信示范引领全社会诚信建设——法治政府

加强法治政府建设，为全面提高政府公信力提供有力保障，依法行政是政务诚信的生命线，政府能否依法行政，是老百姓观察政府可信度的重要标准。政府各部门作为掌握和行使公共权力的机构，必须在法律规定的框架内活动，自觉接受法律约束和社会监督，并以此树立守规则"可信任的良好形象"[16]。

法治政府的思路是建设政务诚信的必由之路，只有当公众在观念上确立了法律的至上性和权威性，并以积极的法律行动去维护自身权利限制政府权力时，法治政府的建设才是长久的可持续的。在一个法制并不十分完备的国度，如果一个政府具有信仰法制专情于民的好品质，那么即使粗疏的法制也会因为政府由衷的实践而变得丰满健全，从而获得实质意义上的法制。

（四）建立和完善诚信的法律约束和失信惩戒机制

要加强诚信法治建设，为社会诚信体系建设提供直接的法律依据，法律是防范和治理失信行为、维护良好市场秩序的最后一道屏障，也是构筑社会主义市场经济信用基础强有力的保障。[17]我国在加强法制建设方面已经做了大量的工作，但从总体上看，法律在信用经济的运行方面还可以发挥更强有力的保障作用。当前特别需要加快建立、完善和修改的法规应该是《合同法》《公司法》《信贷法》《赔偿法》《商业银行法》《诉讼法》等。

建构刚性约束，不折不扣地执行法规制度条目，持之以恒地严惩违规违纪行为。执法者要以诚实守信的态度不折不扣地执行法规制度的具体规定，这是保证法规制度落地生根、有效运行的关键环节，同时还要采取切实措施畅通人民群众反映法律制度执行情况的反馈渠道，健全人民群众对法律执行情况的反馈机制，全民参与到社会诚信体系建设之中。诚信

（本文作者系中国政法大学政治与公共管理学院2016级纪检监察学专业博士研究生，现就职于中共玉溪市委党校）

注释

① 费孝通：《乡土中国》，上海人民出版社2006年版。
② [英]弗里德里奇·哈耶克：《自由秩序原理》，邓正来译，三联书店1997年版。
③ 李萍、钟明华：《诚信——人生之基，立身之本》，广东高等教育出版社2004年版，第198页。
④ 罗结珍：《法国民法典》，法律出版社2005年版。
⑤ 陈卫佐译：《德国民法典》，法律出版社2015年版。
⑥ 戴永盛译：《瑞士民法典》，中国政法大学出版社2016年版。
⑦ 法规应用研究中心：《民法通则》，中国法制出版社2016年版。
⑧ 邹建平：《诚信论》，天津人民出版社2005年版，第226页。
⑨ 孙宽平：《转轨、规则与制度选择》，社会科学文献出版社2004年版。
⑩ 魏建国：《诚信建设与良法之治互动中的法治现代化》，法律出版社2013年版，第269页。
⑪ 苏力：《法治及其本土资源》，中国政法大学出版社2004年版，第15页。
⑫ 王莉君：《论法律与诚信的一般关系》，载《湖北社会科学》2003年第1期。
⑬ 全林远、赵周贤：《论当代中国的诚信建设》，载《中国特色社会主义研究》2011年第6期。
⑭ 王良：《社会诚信论》，中共中央党校出版社2003年版，第162页。
⑮ 王泽应：《新世纪中国诚信建设的思路与对策》，载《中国矿业大学学报（社会科学版）》2006年第3期。
⑯ 田新元：《以政务诚信示范引领全社会诚信建设》，载《中国改革报》2014年4月22日，第9版。
⑰ 李艳：《社会诚信体系建设的本质、价值取向及其实现路径》，载《求索》2014年第5期。

中国诚信文化

文／刘彤

企业家是企业诚信建设的核心

——中国企业联合会、中国企业家协会常务副会长朱宏任访谈录

今年5月在株洲举行2017年全国企业家活动日暨中国企业家年会上,《中国诚信文化》编辑部采访了中国企业联合会、中国企业家协会常务副会长兼理事长朱宏任。他表示诚实守信是企业家的立身之本。社会主义市场经济是法治经济,也是信用经济。没有信用,市场经济就不能健康发展。在社会信用体系建设中,企业起着重要作用,企业家是企业诚信建设的核心。

朱宏任常务副会长认为,在蓬勃发展的中国社会主义市场经济中,企业家要勇于担当,要诚实守信,要回报社会。唯其如此,方能成就大业。

企业家要勇于担当

勇于担当是指企业家敢于承担责任。弘扬敢为天下先、爱拼才会赢的勇于担当精神,是推进企业改革发展的基础。企业家要增强使命感和责任感,勇挑重担,主动作为,推动企业的变革,完善治理机制;要树立大局观、全局观,以高瞻远瞩的战略性眼光,做好企业资源的统筹与配置;要着眼于企业的长远利益,推动企业的长远发展。要出于公心,站在企业角度看个人得失。在竞争激烈的市场经济中,要做到永不满足、拒绝保守,推动企业实现持续健康地发展。勇于担当是我国企业家的优良传统。改革开放以来,我国经济发展的不同时期,特别是在面对困难和挑战的时候,都涌现出一大批优秀的企业家增强责任感和使命感,坚持改革创新,攻坚克难,带领企业取得新的发展业绩。

企业家要有振兴实体经济,产业报国的情怀。实业报国,振兴中华是我国企业家精神的一个特征。在近代,一批民族企业家兴办企业,发展民族经济,但由于时代局限性,只能是空怀实业救国梦想。新中国成立后的社会主义建设时期,一大批企业家以艰苦奋斗精神振兴民族工业,为我国经济社会发展奠定了基础。改革开放以来,我国涌现了一批又一批优秀的企业家,他们有报国、立企、回馈员工的愿景和使命感,为国分忧解难的担当。新常态下,发展实体经济更需要企业家的担当。需要企业家引领企业加快产品和服务的升级换代,提供新供给;适应市场变化,配置市场资源;优化企业的产权和治理结构,完善现代企业制度,用更广泛、更深刻的创新和创造改变人们的生活和观念,改善产业和经济结构,为实体经济找到发展方向和未来。在这方面同样有许多优秀企业、企业家典型,为广大企业家树立了榜样。

企业家要诚实守信

诚实守信是企业家的立身之

本。社会主义市场经济是法制经济，也是信用经济。没有信用，市场经济就不能健康发展。在社会信用体系建设中，企业起着重要作用。企业家要信守诚信经营理念，弘扬诚信价值观，坚持契约精神，推动建立依法经营、诚实守信、公平竞争的企业文化，讲诚信、促共信、谋发展。诚信是我国传统道德文化的精髓之一。孔子曰："人而无信，不知其可也。"明代学者徐祯稷在《耻言》中说："身不正，不足以服；言不诚，不足以动。"企业家是企业诚信建设的核心，必须充分发挥表率作用，遵循诚信的做人做事准则，以诚待人、以德服人，以一身正气带好一批人，把企业发展成为诚实守信的组织。要铸造员工的诚信品质，营造人人讲诚信的企业环境。要努力创建诚信的营销文化，实现产品质量承诺，推行服务承诺，塑造企业文化，树立企业诚信形象。要加强企业诚信的内部监督，建立诚信制度。诚信经营是企业长盛不衰之基，30多年前，张瑞敏同志带领海尔职工挥锤砸掉76台不合格冰箱，不仅在海尔播下了诚实守信的种子，更使海尔在广大消费者中树立了质量至上，诚信为本的形象。海尔集团今天发展到在全球拥有29个制造基地、8个综合研发中心、19个海外贸易公司、员工总数超过6万人的大型跨国企业集团，成为世界白色家电第一品牌，可以说是与这种坚守诚实守信的经营理念分不开的。

市场经济中企业之间的竞争，最终是信誉和品牌的竞争，而品牌由信誉凝聚而成。企业的发展，最需要的是诚信。有远见的企业家非常重视包括诚信在内的商誉。只有加强企业诚信建设，才能取得良好的效益和信誉；只有努力建设企业诚信，营造一个良好的市场环境，才能铸就企业成功之路，使企业发展得更强更大。晋商纵横世界商业500年，成为中国历史上第一大商帮，靠的是"诚信"经营理念。同仁堂正是秉承创办者提出的"炮制虽繁必不敢省人工，品味虽贵必不敢减物力"古训，才成为中药行业驰名中外的老字号。相反，企业诚信缺失不但会对企业本身造成不良影响，还会危害整个行业及产业链上的其他企业，代价非常沉重，三鹿奶粉事件、南京冠生园月饼馅儿事件，足以使企业家们警醒。

企业家要回报社会

回报社会是企业家要履行的社会责任。企业发展所取得的成就，与党和政府的关怀与领导，与广大职工的辛勤付出和社会各界的支持是分不开的。企业可持续发展，需要不断回报社会，主动承担社会责任。企业家要把社会责任同企业经营紧密结合在一起，追求令人尊敬的发展，努力实现企业和国家、社会、员工、环境的协调和统一。生态文明建设是中国特色社会主义事业的重要内容，关系人民福祉，关乎民族未来，事关"两个一百年"奋斗目标和中华民族伟大复兴中国梦的实现。经济新常态下，加强生态环境保护，合理开发和有效利用资源，努力建设生态文明的美好家园，企业扮演着关键性角色，起着关键性作用。企业家要立足实现经济社会环境综合价值最大化的战略高度，将可持续发展要求融入企业战略、决策治理和日常经营中，推动企业切实转变发展方式，提高发展质量和水平，向"绿"转型。走绿色发展、循环发展、低碳发展道路，建设资源节约型、环境友好型企业，现在已经成为广大企业家的共识，并积极落实在企业生产经营活动中。

主动承担社会责任，积极参加公益事业，是企业家义不容辞的社会责任。除了为社会提供高品质的产品和服务之外，企业家同样需要积极参与社会公益活动，承担企业家的社会责任和义务，以树立良好的公众形象。企业家要以满腔热忱投身到公益和慈善事业当中，发挥榜样效应，带动更多的人参与进来，关心员工成长，维护消费者权益，投身教育事业，救助弱势群体，参与救灾救难等，以实际行动回馈社会。同时，要积极探索在企业建立完善的公益事业管理制度、财务保障、运营机制，促进公益事业的可持续发展。要探索公益项目运作程序的专业化，把专业化的公益慈善模式融入到企业的整体发展战略中。在我国经济和企业快速发展壮大过程中，广大企业和企业家自觉履行社会责任，投身公益事业，涌现出了一批先进典型，他们通过自己的行动赢得了社会的尊重。

政务诚信建设
不可忽视诚信的二重性

文／吴伊心

荀子曾说："诚者，君子之所守也，而政事之本也。"（《荀子·不苟篇》）诚信作为中华民族的传统美德，不仅关涉一个人的品德操守，也是政治事务的根本。在当前我国社会的发展状况下，诚信是社会主义市场经济制度的重要基石，是建立和维护和谐社会发展不可或缺的条件，其中政务诚信又起着引领社会风气，示范诚信精神的作用。本文基于政务诚信在社会中起到的基础作用，从反思诚信内涵的哲学基础开始，将诚信不仅仅视作一种道德品质和文化传承，更是人类现代政治文明的重要尺度，进而结合我国政治制度的建设现状，探讨作为美德的诚信和规范的诚信在政务建设过程中的应有之意。

一、诚信在我国政务建设中的现状及原因

当前我国政务建设面临着"诚信"道德问题的矛盾现状。一方面我们从来没有忽视过传统德性中的"诚信"原则，从《小学生守则》到党和政府的重要报告文件，诚实守信原则都被写入其中，成为政务建设和社会各界思想行动的指南。国家主席习近平主席在2016年6月主持召开的中央全面深化改革领导小组第二十五次会议中就强调要推进社会诚信体系建设，让失信者寸步难行。2016年12月国务院办公厅发布的《关于加强政务诚信建设的指导意见》（以下简称《指导意见》）详细阐发了政务诚信的基本理念、要求、管理和监督等各个环节，要求将政务诚信作为我国社会信用制度建设的核心。《指导意见》的发布标志着社会主义信用体系建设进入了新的阶段，也体现出党和政府对社会诚信建设的重视，这是我国政治制度创新的重要胜利。但是不可回避的事实是，从我国经济、政治、文化等社会发展现状来看，道德和法治建设仍不完善，在市场经济制度运行中，出现了许多因不诚信造成的社会纠纷和矛盾，甚至对社会道德风气造成了严重危害。作为诚信主体的重中之重，政府的诚信被人民普遍看作是社会诚信的根本和标志，引导着公共领域和私人交往的诚信精神；然而一些背信弃义、弄虚作假和破坏契约等损害政府公信力的重大事件，使一些地方政府面临着严重的诚信危机，一些公共政策遭到了前所未有的公信力挑战。

我们一方面承认诚信原则的正当性和重要性，另一方面在具体的实践活动中又缺乏对诚信原则的坚持，以至于诚信竟成了一件华丽的装饰物。这一问题背后的根本性原因值得深思。

目前，我国正处于社会主义市场经济建设期，政府对国民经济建设起着全局性的规划、调控和监督职能，政治活动由此延伸至经济领域。一方面，在一些政策的制定过程中，为了使经济发展摆脱束缚，大胆创新改革，制定者选择性地回避和剔除掉了作为伦理道德的"诚信"问题。有相当一部分人认为只要制定出合理的政策制度，"诚信"问题就自然而然化解在经济发展的成果当中。但是，忽视政务工作的"诚信"维度，从长远发展的角度来看，必将损害政府规章制度的合法性，也不利于社会和谐发展。另一方面，诚信的内涵在当今经济社会中发生了重大的转向，从伦理道德单一属性成为兼具道德和经济交往规范的混合属性，这一转向可以看作是"诚信"的异化发展。在

市场经济规则的引导下，人们的意识和实践活动在不知不觉中忽视了"诚信"的固有道德含义，而越来越关注"信用"及其带来的社会交往过程中的中介作用。此外，"诚信"一词，不论是中国传统文化传承还是西方契约精神所赋予它的含义，都作为一种普遍的共识被认可和接受下来。这一方面是社会道德水平提高的表现，另一方面反映出人们对"诚信"的内涵缺少反思和深刻的理论运用。

二、"诚信"在中西文化中的哲学意蕴

"诚信"是传统儒家文化的道德范畴，此二字在最开始分别有其意义所指。朱子云："诚者，真实无妄之谓，天理至本然也。"[①]意思是符合天道真理的真实无妄。《中庸》上说："诚者，天之道也；诚之者，人之道也。""信"则被孔子看作是美德，《论语·述而》上说"子以四教：文、行、忠、信。""诚信"的伦理思想成为中国价值体系中的核心，贯穿于我们的文化血液之中。"诚信"如今作为整体被我们所理解，但在文化发端之时，这两个字的内涵是有所差异和区别的。前者强调的人对客观对象的态度，内诚于心，对事物的存在不欺、不妄；后者则侧重于在交往过程中互相信守承诺，是双向或多项的要求。当然，"诚""信"并不具有绝对区别的意义，两者互为表里，含义互文，在《说文》中有"诚，信也"和"信，诚也"的互相解释。

"诚""信"二字在我国历代的思想中内涵十分丰富。首先从道德主体内在来看，诚信是君子处世安身的基本道德观念，"人而无信，不知其可也"（《论语·为政》），浩然正气的君子就要做到表里如一、言行一致。对自己诚实，是儒家强调道德主体要通过心诚来达到心正。既而，在道德主体交往过程中，特别是古代儒家思想治国的影响下，缺少如法律一样外在的行为准则，诚信原则扮演着交往准绳的功能，即所谓"与朋友交，言而有信"（《论语·学而》）。这样诚信就突破了作为一个君子所拥有的内在的伦理属性，在君子间的交往中获得了实践价值，成为了可以通过行为和选择表现出来的一个道德尺度。在国家治理方面，诚信是儒家所提倡的"王道"治国中的重要方略，如"以力假仁者霸，以德行仁者王。以力服人者，非心服也，力不赡也。以德服人者，中心悦而诚服也"（《孟子·公孙丑上》）。因此，诚信既是个人的道德品质要求，也是以德治国的重要政治原则。但从政治上看，古代的诚信伦理强调的是个人内在自我约束，在社会交往和治国方略的方面缺少外在的制度性约束。在现代社会迅速发展的今天，传统诚信观仍然有鲜活的生命力和丰富的价值，但也要认识到作为一种伦理道德的诚信在标准化、制度化下的社会是远远不够的。

诚信在西方文化语境中同样具有非常重要的意义。诚信在古希腊的城邦社会中是一种重要的"德性"，是实现"正义"的必要元素。古希腊文明的宇宙观围绕着自然、神和人的关系展开，认为人获得自然和神的部分永恒存在的方式就是以自己的行动实现德性，人的本性也即是自然和神的本性的呈现与完善。诚信就是正义，就是美德，是伦理的善，是幸福的一个重要的维度。柏拉图的理想国始终肯定诚信的价值，视之为公民维护城邦存续的保证。在基督——希伯来传统中，诚信由自身的伦理德性转化成外在的目的论的启示精神，存在于教徒对上帝的信仰当中，诚信既是上帝与人之间的契约，也是信仰者彰显上帝荣耀所应遵守的行为准则。这种转变对后来启蒙时期的西方资本主义精神产生了重要影响，马克斯·韦伯就在《新教伦理与资本主义精神》一书中总结道，新教改革后，"这类源自宗教观念的现象到了近代悉数被席卷进去的那种特色独具的'世俗化过程'"[②]，为了增添上帝荣耀，信仰者之间的"邻人爱"的关系在经济活动中体现为宗教共同体或团体中的信用制度并应用到了资本主义的商品生产和交换活动中，使诚信成为了资本主义经济体系的基石。

资本主义现代化的信用制度和近代的契约论思想也紧密相连。在欧洲文艺复兴和宗教改革的影响下，人类的理性力量从宗教的桎梏中得到了解放，自然科学领域在新的经验性思维范式的作用下获得了突破性发展。理性精神在人与自然关系上的胜利，使得人类凭借理性从自然科学领域的研究逐渐转向了人类社会历史领域规律的研究。人类试图以理性的精神来思维和规范以往看来无序的，充满偶然性的人类社会。霍布斯、卢梭、洛克等哲学家在国家学说方面作出了经验主义解释并提出的社会契约理论也逐渐应用到了政治实践上，契约精神的强调和发挥为现代的国家政治稳固奠定了基础。契约精神同当代的诚信思想，尤其是政治领域诚信有着直接的联系。霍布斯将社会普遍订立契约的模型作出了系统阐述：为了结束充满利益

冲突，以暴力手段来达到保护自身安全和占有财产的目的，人们在自然状态下作出了放弃部分权利缔结约定的决定。社会契约论成为现代西方民主国家的政治蓝本，由此人民关于国家订立的契约是所有契约中最高级的，具有绝对权利。而政治诚信在社会诚信原则中的主导和标志地位在此时被确立出来。在此基础上"政务诚信可定义为政府在践约过程中坚持诚实信用、维护民众权益，它是维持民众和政府间政治委托—代理关系的重要因素"。③

三、诚信的二重性——伦理属性和规范属性

现代诚信的内涵发生了巨大的变化，有人认为这是社会从"诚信"道德到"信用"制度的转变，指责这种改变是现代诚信过于强调人们行动的外在法则，忽视诚信美德内涵的结果。首先，如果置身于社会契约论背景之下，现代诚信内涵的变化不仅是"诚信"向"信用"的内容变化，更是诚信主体的变化。现代诚信的主体已经从中国古代君子、古希腊公民和基督徒所代表的个体延伸到抽象化、集体化的组织团体和政府，简单说，诚信的主体从有机主体的人扩充到了工具的、机械的人。其次，诚信规则的形成，使得内含于人的行动、判断、意志中的诚信转变成了诚信的理性规则。以生产关系作为纽带，社会中个体与个体，个体与组织，组织与国家，国家政府内部等多重角度的关系按照一定的规范行事，所坚持的诚信原则就获得了规范的属性。

无论是从中国古代传统的诚信观念，还是发端于古希腊的欧洲诚信观，诚信始终既是个体道德实践的美德也是国家治理的政治实践的原则。直到近代理性的启蒙，诚信在社会规范上，尤其是政治领域成为通过法律制度维护的规范原则。这样，我们就看到了诚信从东西方文化中发展出来的二重性，既是美德的诚信，也是规范的诚信。

四、诚信二重性对政务建设的重要意义

中国特色社会主义政治制度建设在古今文化交互，东西文明交流的影响下，需要诚信原则调节主体之间的权利义务关系。我国政治制度的状况是否有利于中华民族的伟大复兴与和谐社会建立的重要评价尺度就在于是否能获得人民的支持。如果政府不能够诚信行政，那么公信力就面临着巨大损害，甚至陷入"塔西佗陷阱"。

从美德的诚信和规范的诚信出发，政务诚信建设也就包含了两个目标：首先，政府履行管理、服务、监督等政治职能时，政府机构和工作人员需要加强"内诚于心"的诚信美德培养。具体来说是政府和工作人员作为诚信的积极主体必须怀有良善的动机和崇高的政治理念，对待人民群众应当是纯粹、无私的，保有诚实度和责任心。从外在表现来看，具体政务应该做到政策的公平、公正、公开，政府工作者应怀着责任感和义务感为人民服务，保护人民的合法权益，对人民讲实话，不弄虚作假，欺上瞒下。从诚信的规范属性来看，就是依托于法律的效力建立一个有限的、受约束的政府，就是要依法行政。政务诚信规范属性的一个不可或缺的要素就是社会主义信用制度的建设，将规范诚信建设同社会文化、教育、法律结合起来，从自身做起坚守信用，引导社会成员的诚信价值取向，惩罚失信行为。

诚信的二重性是诚信在当今中国特色社会主义社会的文化历史境遇中发展的结果。只有美德而没有制度保障的诚信会导致政治的无序和混乱，无法适应现代国家政治建设；只有制度强制而没有美德的诚信会使先辈留下的珍宝没有遗言，失去灵魂。政务诚信作为现代社会诚信体系的核心，执政者有责任肩负起政务诚信培养的重任。诚信

（中国人民大学哲学院博士研究生，马克思主义哲学专业）

注释

① 朱熹：《四书章句集注》，中华书局2010年版。
② [德]马克斯·韦伯：《新教伦理与资本主义精神》，广西师范大学出版社2010年版，第194页。
③ 李联、刘省：《社会契约视角下政务诚信的内涵和要求解读》，载《城市社会》2014年第24期。

刑事诉讼领域的司法诚信现象研究

文／焦珂

一、何为司法诚信

（一）"诚信"一词的词义辨析

《现代汉语词典》对"诚信"一词这样解释："诚实，守信用"。①有研究者认为：诚信就是诚实守信，它既是一种个人的内在品质，又是一种主客体互动关系中的行为规范，它要求人们说话真实，信守诺言，相互履行对对方承诺的责任。②通常情况下，"诚"与"信"表意相近，常以组合形式出现，外部表现为说实话，讲信用，办实事，行为符合社会的道德标准，值得在社会上倡导和推行。

对于诚信的研究不在少数，有研究者通过诚信本体论、诚信社会论、诚信伦理论、诚信资本论、诚信管理论、诚信经济论、诚信法制论、诚信哲学、诚信责任政府几个方面较为系统、全面地对诚信问题进行了阐释。③也有研究者从诚信与经济发展、法治建设、社会伦理与传统文化这几个方面的关系对诚信展开讨论。④可见，诚信问题涉及甚广，触及经济、政治、文化、社会生活的方方面面，所以很难对其外延有精确的界定。

（二）司法诚信的内涵

有研究者认为，司法诚信是司法主体对诉讼参与人和公众的诚信，它要求司法主体依据司法规则、司法伦理道德规范和司法价值目标的要求来实施司法行为。⑤但笔者认为，司法诚信的主体不应局限于司法主体，诚然，司法主体的诚信起关键作用，但诉讼参与人在司法面前的诚信也是必不可少的，同时，社会民众作为广泛意义上的司法参与者，理应遵守诚信的原则。因而，不妨将司法诚信定义为：司法主体、诉讼参与人以及其他社会民众在司法中的诚实、信用表现。

总体而言，诚信属于社会问题，常出现于社会学、道德伦理学方面的讨论之中。殊不知，司法诚信是其中必不可少的一部分，由于司法的特殊地位，司法诚信的重要性甚至超过诚信的其他方面。近年来，由于司法进步，人们法治观念进一步增强，诚信问题被逐步引入到司法的研究领域之中，越来越多的研究将诚信与司法、法治相结合，这不仅使我们对诚信有更全面的认识，同样有助于实现对公权力的制约，促进法治发展。

二、诚信原则在刑事诉讼法中的体现

涉及诚信问题的研究，传统上多集中于民事领域，尤其是民法中的诚信原则，研究成果众多，相比之下，对于刑事司法领域中的司法诚信问题关注尚不足。究其根源，从法律层面来看，是由于刑事法典中没有对诚信原则明确规定，从社会实践层面来看，由于刑事法的特殊性，人们对其公法性质的关注度过高，导致诚信原则相对失色。

虽然刑事司法领域中对诚信问题的研究尚不成熟，但在我国目前的刑事诉讼法中，已有一部分法律条文体现了诚信原则的基本精神。就相关法律条文来看，司法诚信原则主要针对公安司法机关和诉讼参与人，包括两个方面的内容：一方面，公安司法机关应当履行忠于法律、公平对待的诚信义务；另一方面，诉讼参与人在法律面前应当做到诚实守信。

（一）针对公安司法机关的规定。我国《刑事诉讼法》第6条规定："人民法院、人民检察院和公安机关进行刑事诉讼，必须依靠群众，必须以事实为依据，以法律为准绳。对于一切公民，在适用法律上一律平等，在法律面前，不允许有任何特权。"此条要求司法者在履行司法职责的过程中，必须忠于事实，忠于法律，不受其他因素的影响，切实保障公平正义，做到对公民的诚信。此外，第50条规定："……严禁刑讯逼供和以威胁、引诱、欺骗以及其他非法的方法收集证据……"第51条规定："公安机关提请批准逮捕书、人民检察院起诉书、人民法院判决书，必须忠实于事实真相。故意隐瞒事实真相的，应当追究责任。"以上两条更为直接地表明了司法者诚信的重要性，若公安司法机关在刑事诉讼过程中采取非法手段取证或隐瞒事情真相，严重违反司法诚信的原则时，应当受到法律的惩罚。

（二）针对诉讼参与人的规定。刑事诉讼中，诉讼参与人包括当事人、法定代理人、诉讼代理人、辩护人、证人、鉴定人和翻译人员。《刑事诉讼法》第123条规定："询问证人，应当告知他应当如实地提供证据、证言和有意作伪证或者隐匿罪证要负的法律责任。"此条集中规定了证人在作证时，应当遵守诚实信用原则，否则也将受到法律惩处。至于其他诉讼参与人，法律规定体现了一定的诚信精神，但尚不明晰。

三、实践中存在的司法诚信问题

司法诚信建设是我国法治建设中的重要一环，直接体现我国的司法文明水平，具有不可比拟的重要意义，然而实践中司法诚信并没有受到人们应有的重视，其发展状况令人堪忧，这不仅存在于司法机关，也存在于普通公民之中，已然成为不可忽视和不能回避的严重问题。从司法机关、诉讼参与人、其他社会民众三个方面分析，主要存在如下问题：

（一）*司法裁判不当引起不良社会反应，损害司法诚信*。一方面是由于司法者自身能力的不足，主要体现为裁判文书说理不充分，对案件的解释能力不足，如实践中，某些裁判文书会出现以下解释："由于法律规定的其他原因""根据法律的相关规定"等，据此作出的裁判难免有敷衍之嫌，这种解释使诉讼参与人一头雾水，想要查询"其他原因""相关规定"却根本无从查起，这样的裁判当然难以消除诉讼参与人和其他社会民众对案件的疑惑，最终达不到应有的社会教育效果，还有可能引起反面的社会效应，损害司法裁判的权威。另一方面，一些司法者"官本位"思想较为严重，认为无须对诉讼参与人诚信，将自身置于司法诚信的遵守者范围之外，肆意违反之前作出的司法承诺，甚至将欺瞒、引诱作为"必要"手段。更有甚者，出现司法者自身腐败现象，成为司法界的丑闻。例如，北京市西城区人民法院原院长郭生贵因贪污、受贿被判处死缓，内蒙古自治区人民检察院兴安盟分院原检察长王秀春因贪污、利用影响力受贿、徇私枉法和滥用职权被判处有期徒刑十八年并处罚金，山东省烟台市牟平区公安分局原局长王国政因贪污、受贿、巨额财产来源不明被判处有期徒刑十九年，并处没收个人财产人民币210万元等。

（二）诉讼参与人存在侥幸心理，缺乏诚信意识。 虽然我国社会民众的整体素质逐步上升，但实践中仍不乏藐视法律权威之人。在讨论这个问题之前，有必要澄清一下，对于犯罪嫌疑人、被告人来说，要求其诚实守信并不是要求其放弃自我辩护的权利，而是要求其在参与刑事诉讼的整个过程中，始终对司法抱有敬畏、谦卑之态。对于被害人、法定代理人、诉讼代理人、辩护人，诚信原则要求其在法律规定的范围之内，合理行使自身权利，不得藐视法律规定的纪律、程序，影响刑事诉讼活动，然而实践中的确存在不少冲撞法庭、藐视法律的现象，有的当事人、代理人或辩护人为表不满，在法庭上当场辱骂、殴打司法人员，干扰法庭秩序，有的在法院门口无理取闹，严重影响司法机关的正常工作，加之不良网络媒体的炒作，造成极其恶劣的社会影响。对于证人、鉴定人和翻译人员，按照司法诚信的要求，其应当诚信地履行法律规定的义务，不得从中弄虚作假，阻碍案件真实的发现，但是实践中同样存在大量的证人、鉴定人或翻译人员为谋私利而作假的现象。

（三）社会民众对司法诚信认识不足，重视不够。 主要体现为民众的法律意识不强，对法律的信任程度不高，如果出现裁判结果有差异的相似案件，许多民众会想当然地认为是"内幕操作"的结果，不会冷静、理性地分析案件本身之间的差异性。实践中，相当数量的民众认为，如果"出了事"，靠法律不如"找关系"，这显然与法律要求不服，作为公民，应当做到忠于宪法，忠于法律，积极行使法律权利，并承担法律规定的义务，这也体现了法律对于社会公民诚实信用的要求，但现实情况不容乐观，社会公民对法律的诚信程度不够，对司法诚信不予重视，这也使司法诚信失去了应有的民众基础，发展更为艰难。

四、筑建司法诚信之道

无论是司法机关、诉讼参与人，还是其他社会公民，在司法诚信构建的过程中都存在一定问题，这些不良现象和背后的原因相互交织在一起，形成恶性循环。司法机关的不当作为损害了司法诚信在公民心中的地位，而公民对司法诚信的漠视又进一步阻碍了司法机关对诚信的发展，要解开这样的"结"，只能通过各方的共同努力，从完善法律相关条文、重塑司法公信力、增强公民法治观念等各个方面入手，才能完成。

（一）完善相关法律条文和司法解释。 首先，应当在《刑事诉讼法》中明确司法诚信的原则地位，建议在刑事诉讼法第一章"任务和基本原则"中增加这一条文："进行刑事诉讼活动，应当遵循诚实信用原则"，作为指引刑事诉讼活动的原则性要求，这样的规定虽然具有原则性规定固有的缺陷，如可操作性并不强，单凭此条难以对犯罪行为人进行处罚，但是可以结合后面的条文加以具体化和强制化，提升可操作性，同时，这一原则性的规定也能提醒司法者，提醒诉讼参与人及其他公民，在刑事诉讼中，诚信原则同样至关重要，不能因过度关注公权力的运行而忽视司法诚信。让司法诚信"见光"，不能一直处于黑暗之中。其次，由于司法诚信具有原则性、抽象性，难以避免在实践中出现各种类型的问题，因此，司法解释应当对司法诚信原则作出相应规定，进一步解释司法诚信的内涵、外延，明确司法诚信在刑事诉讼中的范围，在具体案件中如何结合相关法条作出裁判以及当司法诚信原则与其他刑事诉讼原则发生冲突时，如何协调、统筹等。这样，才能使司法诚信"见光"且有效，在司法实践中切实发挥作用。

（二）重塑司法公信力。 司法公信力是社会公众对于司法公正性、权威性的评价以及对于司法的总体信服度，是司法机关根据自身对法律和事实的信用所获得的社会公众信任的程度，是法律公信力的实现和延伸，它反映了社会公众对司法机关的主观评价、心理反应和价值判断。[6] 司法公信力与司法诚信密不可分，换言之，司法诚信是司法公信力的基础，如果没有司法诚信，司法公信力根本无法构建，而一个国家司法公信力的强弱，直接反映这个国家的司法诚信程度。司法公信力的不断提升，能够为司法诚信创造良好的外部环境，进而增强司法诚信的程度。结合我国的实际情况，司法公信力的构建并不乐观，因此，重塑司法公信力迫在眉睫。提升司法公信力包括多方面的途径，如反腐倡廉、权力制约、诉讼程序公正公开。我国目前实践中正在推行与反腐倡廉、权力制约有关的政策、制度，这也是推进法治化的重要举措，有利于司法廉洁的实现和司法公信力的重塑，顺应了时代发展的潮流。在重塑司法公信力的过程中，诉讼程序的公正公开同样需要受到重视。因为诉讼程序的不透明不仅容易给权力腐败提供可能，而且会造成司法机关与社会民众之间的误会，许多案件的处理都是由于过程不够透明而引起民众的猜疑和对司法机关的不信任。而公权力由于其管理职能和庞大的机构网络，理应有提供信息服务的责任与义务。⑦

（三）增强公民法治观念。 首先应当正确认识到，公民的法治观念对于司法诚信的构建具有重要意义。诚信的本质是一种思想观念、一种态度，产生于人的思想，与人们的观念相互依存，诚信与否，直接反映一个人对某事或某物的态度。具体到刑事司法领域，公民的法治观念是司法诚信的思想基础，若思想基础不牢固，司法诚信必将难以建立或频繁动摇。增强公民的法治观念，看似抽象，却实乃不可轻视，否则司法诚信将失去活力，随时可能被"搁浅"，成为可望而不可即的"神话"。其次，要运用正确、恰当的方法对公民思想进行培育，在坚持长期宣传、耐心感化的前提下，做到以下几个方面：一是重视早期法治观念的培养，让法治文明进校园，针对学生群体进行法治教育，可采取定期举办法治讲座，组织观看法治纪录片等措施。二是在日常生活中加大法治的宣传力度，如在社区、商场等公共场所播放法治宣传片，张贴法治宣传语，让公民随时随地受到法治教育。三是在城乡接合地、建筑工地等法治观念薄弱地、案件多发地进行法治教育，引导公民不仅要了解法律知识，学会用法律武器保护自身合法权益，还应当在诉讼活动中做到诚实守信，信任法律，忠于法律。此外，鼓励公民监督、举报司法不诚信的现象，为筑建司法诚信增砖添瓦，拥护司法权威。

五、结语

建设司法诚信，任重而道远。目前我国司法诚信发展尚不乐观，呈现出的问题错综复杂，改善司法诚信现状迫在眉睫，但同时也应当认识到，诚信的建立并非一朝一夕之事，需要相关法律制度及全民法治观念的支撑，意味着司法公信力需要提升，社会诚信意识需要增强。只有通过各方共同努力，逐步改进当前不良状况，司法诚信才能真正走回本属于自身的那条道路，并切实发挥其在法治建设发展中应有的作用。诚信

（本文作者系中国政法大学刑事诉讼法学专业2015级硕士研究生）

注释
① 《现代汉语词典》（第五版），商务印书馆2006年版，第174页。
② 王良：《社会诚信论》，中共中央党校出版社2003年版，第13页。
③ 邹建平：《诚信论》，天津人民出版社2005年版。
④ 廖进、赵东荣：《诚信与社会发展》，西南财经大学出版社2004年版。
⑤ 刘昂：《司法诚信研究——以刑事诉讼为视角》，北京大学出版社2016年版，第19页。
⑥ 宋聚荣、张敬艳：《和谐社会视野下的司法公信力研究》，载《中国司法》2007年第2期。
⑦ 魏建国：《诚信建设与良法之治互动中的法治现代化》，法律出版社2013年版，第325页。

央行副行长陈雨露：

坚持三大原则发展征信市场

文／萧琉

在"个人信息保护与征信管理国际研讨会"上，中国人民银行副行长陈雨露就探讨个人信息保护及其对征信业规范发展等问题，指出在个人征信业务活动中，要注重把握三方面的原则，即第三方征信的独立性原则、征信活动中的公正性原则、个人信息隐私权益保护原则。

"加强个人信息保护是依法维护公众切身利益的迫切需要，是促进数字经济创新发展的迫切需要，是积极应对公众信息泄露事件多发的迫切需要。"陈雨露副行长连用三个"迫切需要"表达了加强个人信息保护的重要性。

一、加强个人信息保护的重要性日益凸显

加强个人信息保护是依法维护公众切身利益的迫切需要。就法理权利属性而言，个人信息权具有人格权的特征，与个人的肖像权、姓名权、名誉权等同样重要；同时随着经济社会的发展，个人信息权也逐渐具备了财产权的属性，即所有权、收益权、处分权等。"信息就是财富、信息就是竞争力"的观念日益为社会公众和市场主体所认同和重视。因此，保护公民的个人信息，就是对公民基本权利、个人财富和竞争力的保障。

加强个人信息保护是促进数字经济创新发展的迫切需要。随着大数据、云计算等数字技术的迅猛发展，个人信息正在被大规模电子化、数字化和产业化应用，个人信息采集的广度和深度不断拓展，信息流动日益突破地域和行业限制。个人信息的挖掘和利用对数字经济的发展意义重大。在这种背景下，只有筑牢个人信息安全的保护墙，才能为数字经济的持续创新发展奠定坚实基础。

加强个人信息保护是积极应对公众信息泄露事件多发的迫切需要。当前，由于多方面的原因，中国公民个人信息泄露带来的侵权、网络诈骗等违法活动在一些地方和领域呈现多发态势，不仅严重影响公民的日常生活，而且影响社会的长治久安。需要监管部门依法加大个人信息保护力度，公众自身提升个人信息自我保护意识和维权意识，有效遏制侵害公众个人信息违法犯罪活动蔓延的态势。

二、采取多种措施加强征信领域的个人信息保护

人民银行作为国务院征信业监督管理部门，在履行征信管理职能过程中，始终应将维护信息主体合法权益作为监管的核心理念。具体从五个方面发力：

一是推动建立覆盖全社会的征信系统。在征信制度下，为保障参与个人信息共享的当事人享受最大的福祉，需要在国家层面推动建立覆盖全社会的征信系统。人民银行认真贯彻落实习主席关于"抓紧建立覆盖全社会的征信系统"的重要指示精神，把研究制定我国征信市场发展的顶层设计和总体规划摆在重要地位，充分发挥政府和市场双线推动的积极作用，促进各类征信机构错位发展、优势互补，推进征信服务对经济金融领域、社会生活领域和行政司法领域的全覆盖，切实维护信息主体权益和经济金融安全。

二是着力完善征信法规制度。2013年，国务院颁布实施《征信业管理条例》（以下简称《条例》），赋予信息主体知情权、异议权和救济权等权益，这在保护信息主体合法权益、引导征信业规范发展、推进社会信用体系建设等方面，具有里程碑的意义。《条例》发布以来，人民银行不断深化征信法律制度建设，出台了《征信机构管理办法》《征信机构监管指引》《企业征信机构备案管理办法》等一系列配套制度及行业标准，始终把保护信息主体的合法权益作为制度设计的出发点和立足点。

三是不断提高监管的强度和有效性。一方面，强化监管责任担当，对发生信息泄露、违规倒卖客户数据的国家金融信用信息基础数据库接入机构、征信机构及其主要责任人，依法从严惩处，有效发挥行业监管作用。另一方面，通过监督和引导金融机构做好客户个人金融信息保护工作，规范金融机构展业行为，有效强化金融机构个人信息保护和法律合规意识。

四是大力开展征信宣传教育活动。针对社会公众，充分利用"3·15"消费者权益保护日、"6·14"信用记录关爱日、金融知识普及月等载体，开展形式多样的宣传教育活动，推动个人信息保护理念深入人心，提升社会公众的诚信意识和维权意识。针对征信从业人员，加强培训力度，防范岗位风险，提高征信从业人员职业素养和道德水平。

五是加强与相关部门的协调配合。认真履行国务院社会信用体系建设部际联席会议双牵头单位之一的职责，深入贯彻落实《社会信用体系建设规划纲要》，加强与最高人民法院、发改委等部门的沟通协调，积极推进"守信联合激励、失信联合惩戒"工作，共同营造诚实守信的良好社会氛围，积极推动相关行业、相关领域的个人信息保护工作。

三、进一步做好个人信息保护和征信管理工作的思考

当前，加强个人信息保护，推动征信市场规范发展，既面临着历史性的重大机遇，也面临着不少的挑战。在这一过程中，需要平衡好一对关系，应对好双重压力，把握好三方面的监管协调。

一是平衡好一对关系。这对关系是指商业化应用所需的数据自由流动与信息主体权益保护之间的关系。两者之间并不矛盾，但需要平衡。一方面，数据的收集、整理和应用是征信行业的基石，缺少自由流动的数据，征信在防范信用风险、降低交易成本、改善金融生态等方面的积极作用可能无法充分地显现。另一方面，不排除一些市场机构个别内部人员出于逐利的目的，存在违法买卖数据、危害信息主体权益的动机。因此，征信行业必须在信息共享与信息主体权益保护的动态平衡中前进，关键是要让信息在安全、合规的前提下自由流动，充分释放信息流动所产生的红利。

二是应对好双重压力。第一重压力是指，公民个人信息保护意识和维权意识日益增强，加上不同信息主体风险暴露和维权诉求的差异比较大，使得个人信息保护和征信维权工作面临点多、面广、条线长的巨大压力。第二重压力是指，个人信息侵权违法犯罪活动采用的技术手段日益复杂，地域跨度较大，现有的管理模式以及人力和技术的配置很难满足有效识别、监测和处理的需求。这不仅体现在征信管理工作中，也是其他信息行业管理面临的共同挑战，直接反映在部分个人信息泄露案件追踪难、取证难等方面。面对上述双重压力，需要继续积极推动体制机制创新，完善征信业基础设施建设，提高监管能力和水平。

把握好三方面的监管协调。一是对信息提供方的监管协调。确保信息按照"最低、适用"的理念采集，确保信息的准确性。二是对信息采集加工方的监管协调。确保征信机构行为遵循征信规则的要求，确保征信的公正性和有效性。三是对信息使用方的监管协调。确保个人征信信息的依法有效使用，确保信息主体权益得到尊重和维护。

陈雨露指出，人民银行正在积极稳妥地加快推进个人征信业务牌照发放工作。在这个过程中，社会各界非常关心和关注个人信息如何在信息提供、采集加工和使用过程中得到有效保护，并为此提出了大量的意见和建议。人民银行正在抓紧整理、研究和吸收，完善相关制度安排。在个人征信业务活动中，要注重把握三原则：

一是第三方征信的独立性原则。征信机构在公司治理结构和业务开展上应确保独立，防止利益冲突。开展业务要客观中立，不能受信息提供者和信息使用者等其他主体的支配。征信产品和服务的使用不能与征信机构股东或出资人的其他业务相捆绑，不能成为股东或出资人谋取他利的手段。

二是征信活动中的公正性原则。征信业务活动应充分体现社会的公平正义，确保政治上的正确性。征信产品主要用来解决信息不对称导致的信用违约风险问题，提高交易效率、降低交易成本、促进普惠金融发展，既不能当作把人分为不同阶层、不同群体的工具，也不能应用于某些低俗的社交活动，背离征信的本意。

三是个人信息隐私权益保护原则。在制度建设和日常监管中，强调征信机构应从保护个人隐私、加强个人信息保护的角度出发，保持业务透明度，防止个人信息被过度采集、不当加工和非法使用，防范对个人隐私和商业秘密的侵害，切实维护信息主体合法权益。诚信

(纪实文学)

吃打虫药拉金条

文/李迪

编者按： 本文作者李迪是我国著名侦探推理小说家，其代表作《傍晚敲门的女人》在20世纪80年代发表后，相继在俄国、法国、韩国出版，开中国推理小说走向世界之先河。近些年来，李迪笔耕不辍，用饱满的激情创作了一部又一部脍炙人口的优秀纪实文学。《社区民警是怎样炼成的——陈先岩的故事》由群众出版社出版后，获得读者广泛赞誉，本文是其中精彩篇章，讲述了社区民警陈先岩如何识破骗局，挽回居民损失，维护社会诚信的故事。它告诫人们，社会是个万花筒，要时刻警惕不诚信的事情发生。现征得作者李迪同意，《中国诚信文化》特予以刊发，以飨读者。

这天，我来社区上班，只见居委会门前的空地上人头攒动。一个穿白大褂的人，正在条桌前宣讲着什么。桌上放了一排试管，还有实验用的瓶子、放大镜、显微镜。哎，这是搞什么？我也挤上去听。白大褂个子不高，40来岁，一口川音。他说他是四川绵阳医学研究所的，这次到这边来收购人体寄生虫，也就是蛔虫。他问，大家小时候吃没吃过打虫子药？听的人都说吃过吃过。连我也犯贱，说吃过宝塔糖。白大褂说，对，宝塔糖就是打虫子药。你们不知道吧，这些虫子很值钱耶！大家都惊叫起来，啊？白大褂说，骗你们我是龟儿子！

这时，我才注意到桌上的瓶子里泡着各种各样的虫，有的像蚯蚓，有的像蚂蟥，还有的像蝴蝶。说实话，我从没见过这么多虫。

白大褂说，这些虫子对人体有害，可用于医学研究又很值钱。值多少钱？我报一下价啊，普遍的20块一条，也有50块的。少见的就贵了，像这种蝶状的，一条2000块！

哎哟喂！2000块，比我工资都高。我不上班了，在家拉虫子好了！

社区里弱势群体多，下岗工人多，一听虫子能卖钱，个个把肚子捂着，妈呀，我肚子里会不会有虫啊？要有2000块的就发财啦！

一时间，人们乱起来。

白大褂跷起脚喊，别乱，别乱，有虫跑不了，没虫不白跑，你没虫，家里人有啊！来，来，来，让我看看你肚里有没有虫。

他这样说，我也好奇了，他长透视眼啦？

只见他拿起放大镜，拉过一个人的手就照，哎哟，你手上的纹路真典型啊，不但有虫，而且成堆啊，能做虫子代言人了！

好家伙，平常说谁肚里有一堆虫，还不把人吓半死？现在可不，这位一听肚里虫子成堆，当时就疯了，噢，噢，我有虫，我有虫，我要发财啦！

他一疯，大家都急了，争着抢着让白大褂看手。白大褂真热情，看一个，你有虫！再看一个，你也有虫！第三个呢，有大虫！走路别放屁啊，小心把虫子崩丢了。凡是有虫的，白大褂都顺手发药，回去就吃啊，吃药免费，打虫挣钱！明天早上大便别用抽水马桶，要拉在痰盂里。我一早就到这儿来等你们，按虫论价，童叟无欺！

不一会儿，到场的人都领了药，个个儿大嘴咧成瓢。我有虫，我老婆也有虫，我们全家都有虫，哈哈哈！

我又听又看，脑壳发蒙。他发药收虫，居民有收入又利健康，这是多好的事啊。再看他发的药，正规厂家驱虫药，也没毛病。转念又一想，天底下哪儿有这么便宜的事？

第二天，我一大早就赶过来。哎哟喂，院里的景象让我哭也不是，笑也不是,只见居民们排起几大队,个个端着痰盂,捂着鼻子,还有的提溜着裤子就跑出来了。急!白大褂认真观察着痰盂里的虫子,用镊子夹出来,放进瓶子里。他旁边多了一个女助手,帮助登记。白大褂问得很详细,你叫什么名字,在哪一栋住,一一登记下来。又说,这个虫子蛮好的,值5块钱!这个虫子更好,你真会拉,值20块钱!他说值多少钱,女助手当场就兑现。排队的居民看到前头的人当真拿到了钱,更兴奋得抓耳挠腮。喂喂,你的虫卖了多少钱?哎哟,你拉了20条?你是猪啊!

我纳了闷了,天上真掉馅儿饼啦?

不是我不明白,这世界变化快!

第三天,白大褂对小有收获的居民说,你身上还有虫,是更值钱的,药量不够没打下来。居民一听很着急,那怎么办?白大褂说,我不能老免费发药啊,你们还想打虫的,就花钱买药。得,他开始卖药了,20块,50块。再有,收押金。他对居民说,你肚里这个虫子老值钱了,起码是2000块一条,我看了,最少有三条!但国产药打不下来,得打进口针。进口针我就不收钱了,但是我要收押金。万一你把虫卖给别人怎么办?这些居民也真傻,就信了他的话,一交好几百,最多的上千。白大褂一边儿收钱一边儿登记,说明天你拿虫子来,我退押金买虫子。你今天交500块,明天只要拉出一条,我就连本带利给你1500块!拉出五条你就是万元户!来啊,快来争当万元户啊!

居民听他一吆喝,都抢着交押金,一边儿交一边儿说,我明天肯定把虫子卖给你,不卖给你卖给谁啊?白大褂说,嗨,那可不一定,现在到处都有收虫子的,连国营药店都收,价钱也许比我出的还高。万一你财迷卖给别人,我这进口针就白瞎了,一针100多呢!

他这样一说,交押金的居民就更铁心了。白大褂收完押金就打针。往哪儿打?肚脐眼儿!好家伙,居民也豁出去了,不管有多少人站在旁边,衣服一掀,肚皮一亮,来吧!

噗!就是一针。

我一看,大尾巴狼终于现形了,居民肯定要受骗上当。

我马上冲过去拦住他,嘿,嘿!你这是干什么?收什么押金?

白大褂一下子傻眼了。

交了钱的居民乱起来,陈警长,这事不用你管,你当警察管你警察的事去!

社区的一个老护士长更是亮明身份,站出来力挺白大褂,说打虫是为了居民身体健康。我说你说这话太早了,他是为居民身体健康,还是行骗,咱们要冷静分析。这样吧,打针先停下来,把押金先退了!老护士长说你真是狗拿耗子!我说,哎,这耗子我今天拿定了!老护士长还要吵,我顾不上她了,转而对大家说,居民们,我们吃的是大米饭,喝的是自来水,拉的只能是蛔虫!2000块能买一条金项链了,照他这样说,等于我们吃打虫药拉黄金,这可能吗?居民们,清醒清醒吧,让我说你们什么好啊!

居民说不用你操心啦,昨天他都给我钱啦!

我问给了你多少钱?

居民说好几十块呢!

我又问那你今天押金交了多少?

居民说好几百,他明天还退我呢。

我说,能退当然好,就怕明天找不到他了!

居民一听,瞪眼了,这可能吗?

我说,怎么不可能?

居民不吭声了,死羊眼盯住白大褂。

因为我是警察,白大褂做贼心虚,乖乖把押金退掉。我一看,好家伙,眨眼工夫已经收了两三万,再收下去还得了!他的行医证什么的都是复印件,我问原件在哪儿?他说在宾馆。我说你去把原件拿来。我扣下他的身份证,让他回宾馆取原件。

结果,人一走就没回来。

时隔不久,派出所接到报案,在工人新村社区,白大褂收了大笔押金,第二天老头老太端着痰盂再也找不到人。从早上一直等到中午,大便臭死了,只好倒掉。有的人还舍不得倒,端回家臭了两天。

我们社区可比工人新村大多了,要不是我出手快,居民损失就惨了!现在可好,不但没损失,有的还得了小利。

居民们听说工人新村被骗了,个个儿大惊失色。老护士长却不信,说我瞎诈唬。这天她去买菜,我主动喊她,护士长您慢点儿走,我跟您说说。她像见了大妖怪,扭头就走。谁知第二天她见到了我,离老远就招呼,先岩,先岩,喊得亲亲热热。

有人悄悄告诉我,她刚才去工人新村啦!

文／孟向荣

与家与国"不忘初心"

——从古人两则诚信故事所想到的

　　如今,"不忘初心"四个字,是文献和网络的流行语。"不忘初心"是诚信文化的底蕴。诚然,"不忘初心"有一个起点问题：末代皇帝溥仪最早的初心是复辟清王朝,新的初心起点则表述为"为祖国社会主义和人类最崇高理想的共产主义事业而努力奋斗"。可见,初心也有代表腐朽政治和代表进步政治之区别。在中国古代传统文化中,无论封建士大夫还是引车卖浆者流,都把"不忘初心"作为金科玉律来信奉,不乏生动的事例作印证,他们的初心,或反映出美好的品德,或体现了崇高的人格。

　　宋代吴曾《能改斋漫录》引苏东坡所记述的故事说：南北朝有个叫刘庭式的,议娶一同乡人之女,事已谈妥,尚未下聘。后来,刘庭式做了官,女方却因病重致双眼失明,且家道已贫困不堪,女家因此不敢再提婚事。有人劝刘庭式另择佳偶,他笑答道："吾心已许之矣！虽盲,岂负初心哉！"后果娶盲女,"与其白头偕老"。

　　一个封建士大夫,不因自己做了官便嫌弃农家姑娘,不因女方失明而违背初约（笔者按："尚未下聘"指的是今天的还没有领结婚证）,无沽名钓誉之想而明娶暗弃,有"不忘初心"之志而"与其白头偕老",这在视女子如玩物且门第森严的南北朝时代,殊为难得。其对时下以财产地位为标的,动辄"以心相许",负了心却丝毫不脸红,把爱情、道德当儿戏者,当猛击一掌。

　　明代有一首民歌："新打柴刀不用磨,有情妹妹不要多。有情有义恋一个,当着月亮照山河。"可以做刘庭式"不忘初心"的注脚。

　　与国"不忘初心"的例子当

属唱出千古名句"人生自古谁无死，留取丹心照汗青"的文天祥事迹。

文天祥的"不忘初心"，首先表现在身世上。宋恭帝赵㬎德祐元年（1275年）正月，元军大举渡江南攻，文天祥破家起兵勤王。当南宋政权危在旦夕之际，他被任命为右丞相兼枢密使。元军进迫国门，文天祥奉命出使北营，谋纾国难，被敌人扣留，在押解北行途中幸得逃脱，辗转到闽赣边境，招募忠勇，聚兵再战，先后收复了江西宁都、零都等地，形势大有转机。元人调集重兵穷追这支劲敌。宋端宗赵昰景炎二年（1277年）八月，空坑一战，宋军损伤惨重，文天祥只身脱险，此后移兵潮阳，继续坚持斗争。景炎三年，元军主帅张弘范指挥海陆两路进击广东；十二月文天祥退出潮阳，转移到海丰北面的五坡岭，元军驱骑兵兼程追袭；宋军正在山坡露餐，追兵突至，文天祥不幸被俘。

文天祥"不忘初心"的身世，使人联想到老一辈无产阶级革命家"红军不怕远征难""创业艰难百战多"的艰苦卓绝的军事斗争。前者忠君爱国；后者忠于共产主义信仰，坚持北上抗日。诚信文化作为民族基因代代遗传，何其相似乃尔。

"不忘初心"的感染力，更表现在文天祥的气节上。当陆秀夫、张世杰正奉年仅八岁的小皇帝赵昺在崖山（在广东新会县南八十里的海中）建立行朝，誓死进行最后抵抗的时候，文天祥被送往潮阳见张弘范。张弘范要文天祥写信招降张世杰，文天祥断然拒绝，挥笔写下了七律《过零丁洋》以明志。当此诗送到张弘范手里时，这位元军主帅面对文天祥的持节不屈无可奈何，"但称'好人！好诗！'竟不能逼"。连他的敌人都不得不对这首诗啧啧称赞。

形成社会道德的正直忠贞，需要一个坚忍的凝固过程。"不忘初心"是否能够持久，还需要时间与环境变迁的考验。文天祥兵败被俘后，次年十月解达元都燕京。因系土室，环境污浊，艰苦备尝，而毅然拒绝了元统治者多番的利诱威胁。他认为支持他坚持不屈的精神力量就是正气。也就是孟子所说的充塞于天地之间的至大至刚的浩然正气。因而以"正气"为题，以正气发端，作成脍炙人口的《正气歌》。其时已是被囚两年之后。文天祥在此诗中一气呵成，排比讴歌了十几位"不忘初心"的先贤：齐太史、晋董狐、张良、苏武、严颜、嵇绍、张巡、颜杲卿、管宁、诸葛亮、祖逖、段秀实等，与他们精神同在，而他们的共同特点是"无我"。这使人联想到新中国诞生之前，被囚禁在渣滓洞和白公馆的革命烈士以及无数为革命抛头颅、洒热血的志士仁人。毛泽东有诗"为有牺牲多壮志，敢教日月换新天"，概括了"不忘初心"的最高境界。

文天祥于1283年年初就义于燕京。曾经追随他转战闽、粤、赣各地抗元的诗人谢翱，因兵败宋军溃散，与之失去联系已有五年，当得知文天祥被害的噩耗，悲痛欲绝，写下《书文山卷后》一首：

魂飞万里程，天地隔幽明；
死不从公死，生如无此生；
丹心浑未化，碧血已先成；
无处堪挥泪，吾今变姓名。

"死不从公死，生如无此生"的强悲巨恸及其蕴含的无限崇仰之情，使人联想到章太炎悼黄兴的挽联"无君则无民国，有史必有斯人"。

是的，古往今来，"不忘初心"之黟之大者，就是这样激励、凝聚中华民族的。诚信

（本文作者系群众出版社编审）

儒家对"信"的释义

文／张梦思

在繁荣的市场经济背景下，人与人之间的利益关系越来越复杂，社会上频繁出现的失信行为，使人们对诚信的品格更为重视，对于失信的行为更加警惕和深恶痛绝。一个不诚信的人，会使人们敬而远之，特别是在现有越来越健全的社会诚信体制下，不诚信的人几乎无法在社会立足；诚信是立业之基，一个不诚信的企业会因此失去有价值的合作伙伴，无法长远发展；从大的方面来说，诚信关乎整个民族的品格，以诚信为本的民族是一个有高贵品格的民族，对内使人民信服，对外使他国敬仰。那么，我们现代对诚信或信的定义是怎样最终形成的呢？对中华民族品格塑造影响最大的儒家曾经对诚信或信给出了怎样的解释呢？下文会具体来看儒家对"信"的界定以及发展过程。

一、儒家对"信"的传统界定

（一）孔子之谓信

孔子把"仁"作为最高的道德原则、道德标准和道德境界。他第一个把整体的道德规范集于一体，形成了以"仁"为核心的伦理思想结构，它包括孝、弟（悌）、忠、恕、礼、知、勇、恭、宽、信、敏、惠等内容。"信"是其中重要的德目之一，虽不能代表最高的道德境界，但却是儒家实现"仁"这个道德原则的重要条件之一。子张问仁于孔子，孔子曰："能行五者于天下，为仁矣。"请问之。曰："恭、宽、信、敏、惠。"（《论语·阳货》）所以"信"是实现仁的必要条件。孔子关于"信"的伦理思想，一方面是发挥教化的作用，意在让君子培养出理想人格；另一方面通过"信"表达自己的治世之道，符合了"内圣"和"外王"两个方面的理想。

第一，"信"在内圣方面的表现：

"信"指诚实不欺，信守承诺。首先"信"是人安身立命之本。孔子说过"人而无信，不知其可也。"（《论语·为政》）人不讲信用是不行的。子曰："言忠信，行笃敬，虽蛮貊之邦行矣；言不忠信，行不笃敬，虽州里行乎哉？"（《论语·卫灵公》）言语忠诚老实，行为忠厚严肃，就是到了别的部族国家也行得通，言语欺诈无信，行为刻薄轻浮，就是在自己的故乡能行得通吗？又说"人而无信，不知其可也，大车无輗，小车无軏，其何以行之哉？"（《论语·为政》）人没有诚信就像车子失去了关键部件，是没有办法走的，对人来说即是人无信不立。这里孔子认为"信"是人之为人的基础。同时孔子认为做到信有一定的条件，"信近于义，言可复也"。意为所守的诺言如果符合义，那么所说的话就能够实现。行为正当，符合道义的信才是真正的信，出于不轨的目的去履行信是很难实现的。这提醒了人们在修养信的品德时应遵守一定的准则。对孔子来说"信"也是处理人际关系的道德准则，他突出的讲朋友之间的诚信、信任关系，他认为朋友之间必须有信，这是交友之道。子夏说："事君，能致其身；与朋友交，言而有信。"（《论语·学而》）与朋友交要互相信任，这是建立朋友关系的基础。对朋友的信任能体现自己的修养境界，孔子的学生曾子说："吾日三省吾身——为人谋而不忠乎？与朋友交而不信乎？传不习乎？"（《论语·学而》）对朋友的信任不是随随便便的行为，它需要一定的道德修养才能达到，所以对这条道德准则要时刻内省，严格地恪守。孔子对朋友之信看得非常重，甚至把取得朋友之信作为自己的志向，子路曾问孔子的志向，子曰："老者安之，朋友信之，少者怀之。"（《论语·公冶长》）。他认为诚实不欺，信守承诺是一种个人修养，在日常生活中要特别坚守这个原则，"敬事而信，节用而爱人"（《论语·学而》）、要"谨而信""言必信，行必果"（《论语·子路》）。这样做事时刻讲求信用，再加上平时的内省作用，提升个人修养，培养高尚人格的目的就达到了。孔子认为信的道德原则要终生奉行，从颜渊和孔子的一段对话中可以看出这种态度，颜渊将西游于宋，问于孔子曰："何以为身？"子曰："恭敬忠信而已矣。恭则远于患，敬则人爱之，忠则和于众，信则人任之，勤斯四者，可以政国，岂特一身哉！"（《孔子家语》）做到了恭、敬，就能远离祸患受人爱戴，做到了忠、信，则会与人和睦别人就会信任你，做到了恭、敬、忠、信四点，不仅对自己有利，甚至可以把国家治理好。孔子特别赞扬具有诚信、守信品格的人，有一则小故事可以说明：

颜回随孔子在陈、蔡期间绝粮七天，子贡费了许多周折才买回一石米。颜回与子路在破屋墙下做饭，有灰尘掉进饭中，颜回便取出来自己吃了。子贡在井边远远望见，以为他偷饭吃，很生气，便跑去问孔子：仁人廉士也改变自己的节操吗？孔子说：改变节操还叫仁人廉士吗？子贡说：像颜回，也不改变节操吗？孔子说：是的。子贡便把自己看到的情况告诉孔子。孔子说：我相信颜回是仁人已非止一日，你虽如此说，我仍不会怀疑他，这里边必定有缘故。你等等，我将问他。孔子把颜回叫到身边说：日前我梦见先人，大概是启发佑助我。你把做好的饭端进来，我将祭奠先人。颜回对夫子说：刚才有灰尘掉进饭里，留在锅里不干净，丢掉又太可惜，我就把它吃了，不可以用来祭奠了。孔子说：是这样，我也一起吃吧。颜回出去后，孔子环顾了一下身边的弟子说：我相信颜回不是从今天开始的。从此以后，大家更加信赖颜回（《孔子家语》）。

颜回本人因为高尚的德行受到历代统治者推崇，自汉代起被列为七十二贤之首，山东曲阜建有"复圣庙"。从颜回攫甑的故事可以看出颜回道德修养的境界，孔子曾以"贤、仁"称赞他，由此看来是当之无愧的。

孔子认为"信"是君子必须具有的品德，君子所具有的高尚人格需要"信"最终促成，"君子义以为质，礼以行之，孙以出之，信以成之，君子哉！"（《卫灵公》）孔子对信的各种阐述，就是希望培养出理想人格，为达到这一目标，他一方面要求人内省的自觉意识，另一方面又进行道德说教，"子以四教，文、行、忠、信"作为君子的修养目标。信始终是孔子眼中重要的道德标准。

第二，"信"在"外王"方面的表现：

孔子眼中的"信"也指信任，是立国立民、治国安邦之道。在孔子的思想中"信"是统治者治理国家的必要手段，也是维护社会稳定的重要法宝。统治者只有具备了诚信的品质才能使民众诚信，百姓才愿意臣服于统治者，愿意尽其力。孔子说："上好信，则民莫敢不用情。"（《论语·子路》）"恭敬以信，故其民尽力。"（《孔子家语·辨政》）信对维护社会稳定也发挥着至关重要的作用，"宽则得众，信则民任焉"（《论语·尧曰》）。"忠信以宽，故其民不偷"（《孔子家语·辨政》）。曾有子贡问政，子曰："足食，足兵，民信之矣。"子贡曰："必不得已而去，于斯三者何先？"曰："去兵。"子贡曰："必不得已而去，于斯二者何先？"曰："去食。自古皆有死，民无信不立。"（《论语·颜渊》）如果百姓对政府失去信任，国家是立不起来的，所以在国民中树立诚信比足食、足兵更重要。有了信，百姓才能团结一致足食、足兵，才能取得政治上其他方面的成功。

（二）孟子之谓信

孟子对孔子"信"的思想有所继承，孔子讲"与朋友交，言而有信"，孟子也把"朋友有信"《孟子·滕文公章句上》作为"五伦"之一的关系来讲。同时孟子也肯定了"信"在政治上的功能，孟子说"不信仁贤，则国空虚"（《孟子·尽心章句下》），如果国家对贤士不够重视，则会减弱国家的实力，这就对君子和贤臣的关系提出了要求，统治者为了国家的发展要任人唯贤，要重视招纳贤臣。"信"可以起到稳定社会的作用。孟子说："地方百里而可以王。王如施仁政于民，省刑罚，薄税敛，深耕易耨；壮者以暇日修其孝悌忠信，入以事其父兄，出以事其长上，可使制梃以挞秦楚之坚甲利兵也。"（《孟子·梁惠王上》）如果让百姓修养了好的品德，如孝顺、尊敬、忠诚、守信，就会社会和睦，百姓对付外敌也会同仇敌忾。

另外，孟子对"信"也有自己独到的理解。孔子曾说"言必信，行必果"，要求言行一致，说过的话必须要履行。孟子对此有更灵活的说法："大人者，言不必信，信不必果，惟义所在。"通达的人说话不一定句句守信，做事不一定非有结果不可，只要合乎道义就行。这是讲守信不是盲目的，要懂得变通，这样才不会做错事。孔子信的思想是为"仁"服务的，孟子说只要不违背义可以不守信这一创新说法也不是违背了"仁"。梁惠王曾问孟子有什么对国家有利的高见，孟子劝梁惠王"仁义而已矣"（《孟子·梁惠王上》）。孟子说有仁义就够了，有了仁义就可以避免诸侯争乱，国家安定。所以孟子说"信"要符合义是围绕他的"仁政"思想说的。他曾规范了五种社会关系，"父子有亲，君臣有义，夫妇有别，长幼有序，朋友有信"（《孟子·滕文公上》）。其中"朋友有信"这种人伦关系也参与了建立长幼尊卑的社会秩序，由此可以看出他的"信"观念和政治理想的关系，都是为了封建秩序的稳定和天下的统一。

（三）荀子之谓信

作为儒家重要的代表人物，荀子关于"信"的解说对儒家"信"观念作出了重要的补充。不同的是，孔子在把"仁"作为总的最高的道德标准的思想指导下，把实现"信"作为实现"仁"的手段和目的。孟子以其政治理想"仁政"为最终目标强调了"信"在统治者实行"仁政"中取信于民的重要性。而荀子的"信"观念是以他的"性恶论"为基础提出的，他认为人性本恶，所以要在后天的环境中培养出诚信这种美好品质。荀子的"信"观念在继承孔孟的基础上有所发展，标志着先秦"信"观念的成熟。

荀子认为，诚信是人基本的道德品质。他说，"忠信端悫，而不害伤，则无接而不然，是仁人之质也"（《荀子·臣道》）。人有没有诚信还是划分人格高低的依据；他说："庸言必信之，庸行必慎之，畏法流俗，而不敢以其所独甚，若是则可谓悫士矣。言无常信，行无常贞，唯利所在，无所不倾，若是则可谓小人矣。"（《荀子·不苟》）平常说话做事诚信谨慎，不做违法的事，不肆意妄为就是诚信老实的人。说话不讲信用，做事不遵守道德，唯利是图，这种人就是小人。人有没有诚信也是划分君子和小人的依据。"小人也者，疾为诞而欲人之信己也。"与之相对，"故君子者，信矣，而亦欲人之信己也"（《荀子·荣辱》）。小人肆意妄言却想要别人相信自己，君子对别人说真话，也希望别人相信自己。荀子也认为，"信"有助于面对人生中的各种处境，他说，"宜于时通，利以处穷，礼信是也"。（《荀子·修身》）"体恭敬而心忠信，术礼义而情爱人；横行天下，虽困四夷，人莫不贵"（《荀子·修身》）。这里突出了"信"是一种有魅力的品格，忠信的人在困境中也能赢得别人的尊重。荀子也强调执政者讲信用、守承诺对国家存亡的关键作用，他说："古者，汤禹本义务信而天下治，桀纣弃义背信而天下乱。故为人上者，必将慎礼义、务忠信然后可。此君人者之本也"（《荀子·强国》）。这里拿历史教训来说明统治者要讲信用才能治理好国家，背信弃义就会导致社会混乱。"上者下之本也，上宣明则下治辨矣；上端诚则下愿悫矣，上公正则下易直矣。治辨则易一，愿悫则易使，易直则易知。"（《荀子·正论》）统治者的行为是百姓行为的模范，只有统治者以身作则才能把诚信的风气传送到百姓那里，百姓也会因为统治者的美好品德更顺从其统治。

荀子在继承孔孟"信"思想的基础上，对"信"又作了新的补充，把对"信"的道德要求使用到更广的范围，孔孟更多讲求朋友之间的信任、诚信，而荀子认为不仅朋友之间需要信任，整个社会的人际交往及有序运作都需要诚信作为基础。他提出诚信是各行各业要遵循的职业道德，他曾具体提及了商人、百工、教师、农民这些从业者要讲诚信，认为商人忠厚老实而不欺诈，商贩就安全，钱财就流通，国家的各种需求就能得到供应；各种工匠忠诚老实而不粗制滥造，各种器械用具就会制作得精巧便利，而且不会缺乏原材料；农民都只朴实地努力于耕作，这样任何行业都不会荒废了。这样荀子对社会上所有人都提出了诚信的要求。荀子的信观念因此较之孔孟的信观念更加系统和完善。

二、传统中对"信"的不同释义

春秋战国出现的百家争鸣让各种思想融汇碰撞，所以五常中的"信"的内涵也融汇了先秦各家关于信的理解。其中作为先秦中重要的流派墨家和法家对"信"的理解呈现了不同的特点。

（一）墨子"信"观念

《墨子》："信，言合于意也。"信指的是言语真实地表达内心所想，不口是心非，言不由衷。又："信：不以其言之当也，使人视城得金。"信是所言和事实相符而且能经得起实践的考验。"言必信，行必果，使言行之合，犹和符节也，无言而不行也。"（《兼爱》）出言一定要守信用，行为一定要果断，使言行一致就像与符节相合一样，没有出言而不实行的。墨子在说"信"的时候，更多的时候是与"行"一块说的，墨子认为真正的"信"不只是说话真实可靠，更多的是指所说的话和具体的实践结果相一致。他强调了统治者做到言行一致的重要性："政者，口言之，身必行之。"统治者自己说出来的话，自己一定要予以实施。"彼其爱民谨忠，利民谨厚，忠信相连，又示之以利，是以终身不餍，殁世而不卷。"（《兼爱》）君主若能爱民、利民，以宽厚、忠信待民，民众必然会衷心拥戴和信赖君主。因此，"忠信相连"有助于处理好君民关系，稳固国家政权。对于有诚信品格的人，墨子很明确地给予了褒扬的态度，"凡我国之忠信之士，我将赏贵之；不忠信之士，我将罪贱之"。一方面表现了对忠信品德的重视，另一方面表达了对不忠不信之人的痛恶。

（二）韩非子"信"观念

法家的"信"观念与儒家有明显的不同，儒家的"信"更多的是内在的要求，是对人一种柔和的约束力，法家的"信"思想融合了他们的治国理念，把"信"理解为一种外在的强硬约束力，他们更多地把"信"应用到刑罚和军事领域中，对上树立威信，对下让政令更好地执行。作为法家最具代表性的人物，韩非子继承了法家管仲、商鞅等人关于"信"的思想，是法家"信"观念的总结者。

《韩非子·外储说左上》中有两则小故事：

故事一：晋文公攻打原邑，携带了十天的粮食，于是就和大夫们约定十天为期限。到了原邑十天了还没有攻下原邑，就鸣锣收兵，准备撤退军队回去了。原邑的士兵有从城中逃出来的，说："原邑再攻打三天就被攻克了。"左右群臣劝谏说："那原邑城内已粮食耗尽兵力衰竭了，君主姑且再等几天。"晋文公说："我与战士们约定十天，不回去，就是失去我的信用，我不干。"随后收兵离开。原邑城中的人们听说后说："有这样的国君如此守信，我们能不归附他吗？"于是就投降了晋文公。卫国人听说后说："有这样的国君如此守信，我们能不随从他吗？"于是就投降了晋文公。

故事二：楚厉王有了警报，就用敲鼓的方式来和民众一起防守。有一天喝酒醉了，就错误地敲鼓，民众大惊。楚厉王派人去阻止民众，说："我喝醉了酒和身边左右人开玩笑，误打了鼓。"民众这才散去。过了几个月，真的有警报了，楚厉王击鼓而没有民众前来。于是就更改命令明确信号而后民众才相信了他。

通过这两个故事可以看出韩非子主张的"信"和政治的关系，对韩非子来说执政者守信用能树立自己的威望，得到民众的拥护，"小信诚则大信立"，积小信还能得到丰厚的回报，否则"法不信则君行危矣"（《韩非子·有度》）。他主张"信赏罚以民尽能"（《韩非子·八经》），"赏罚不信，则禁令不行"（《韩非子·外储说左上》），他倡导执政者讲信用，严格执行赏罚制度是为了鼓励百姓耕作和作战，对于百姓来说，守信就是必须遵守法度，这是一种强制的守信行为。无论对于君主还是百姓，韩非子很少把讲信用、重承诺作为人的品德来讲。所以相对于儒家的信观念，韩非子的信只是一种政治手段，不是为了教化人们有高尚的品德。他曾说妻子儿子都不可信,"为人主而大信其子,则奸臣得乘于子以成其私""为人主而大信其妻,则奸臣得乘于妻以成其私"(《韩非子·备内》)。这种思想是和儒家的伦理道德观相对立的,这也正是法家"信"思想独特的地方。

三、传统"信"思想的发展

宋明时期儒学作为占统治地位的思想,在继承孔孟儒学思想精髓的基础上对儒学传统思想进行了新的阐发和补充。宋明的儒学家一方面很重视诚信的道德品质,另一方面把信观念哲理化,对诚与信的关系进行了思辨演绎。

二程说:"圣人言忠信者多矣,人道只在忠信"(《二程集·遗书卷一》)。宋代的思想家朱熹认为"修身之要"就是要"言行忠信笃敬,惩忿窒欲,迁善改过"。陆九渊说:"忠者何?不欺之谓也。信者何?不妄之谓也。人之不欺,何往而非忠,人之不妄,何往而非信。"(《陆九渊集·主忠信》)信就是不说谎,如果做到这一点,走到哪里都能得到别人的信任。明代思想家王阳明也认为,"言行一致""笃实躬行"是道德修养的根本要求。所以在宋明儒学家眼里,"信"的伦理道德仍是重要的道德品质,并且一直得到极高的推崇。

(一)"诚"与"信"连用

宋明时期"诚"与"信"经常在一起讨论,宋明理学家认为"诚"是天之道,是连接天人的哲学本体范畴,因此更多地讲"诚"。"是故君子有大道,必忠信以得之,骄泰以失之。""进学不诚则学杂,处事不诚则事败;自谋不诚则欺心而弃已;与人不诚则丧德而增怨。"(《二程集·论学篇》)这里,二程将诚与信结合在一起进行讨论。程颐进一步论述了信:"诚则信矣,信则诚矣。"(《河南程氏遗书》)强调"诚"与"信"是完全一致的。同时二程认为"诚"和"理"是同一范畴的概念,"无妄者,至诚也,至诚者天之道也。天之化育万物,生生不穷,各正其性命,乃无妄也"(《二程集》)。这样就把"诚"上升到宇宙普遍规律的高度。朱熹继承了这种思想,并且给出了详细阐述。

(二)"诚"与"信"为体用关系

朱熹说:"诚是个自然之实,信是个人所为之实。《中庸》说:'诚者,天之道也',便是诚。若'诚之者,人之道也',便是信。信不足以尽诚,犹爱不足以尽仁。"《朱子语类》中说"诚"是一种本然的状态,是一种道德本体,"信"是社会性的道德实践,是做人行事的准则,"诚"是体,"信"是用;"诚"是天道,"信"是人伦。这是从体用关系来论证诚信的关系。另外,朱熹把诚与天理联系起来:"诚者,真实无妄之谓,天理之本然也,诚之者,未能真实无妄而欲其真实无妄之谓,人事之当然也。"《四书集注》中,朱熹认为"诚"是天理之本然,人事之当然,这就把诚与天理紧密结合起来了,把"诚"纳入到天理论的哲学体系之中,实现了儒家诚信观的哲理化。

宋明理学把儒学的伦理观和哲学的本体论结合起来,为儒家的伦理原则找到了本体论依据,同时也论证了封建统治秩序和道德规范的合理性。宋明时期对信的伦理道德观念已形成了比较完整的理论体系,对后世的伦理思想影响深远。

从先秦至宋明,"信"的内涵越来越丰富,自孔子以来后世儒者在传承的基础上使"信"的观念逐渐系统化、哲理化。孔子认为"信"是人之为人的根本,是交友之道,是治国安邦之道,做到"信"要通过内省等修养功夫。后继的儒者对孔子的"信"思想进行了扩充,至宋明时期把诚信以体用关系连接起来,以本体论的角度来理解诚信,至此传统中的"信"观念内容充实,体系完备。现代社会对人的诚信品格的要求,对朋友间诚信的重视,企业、民族对诚信的彰显,是对传统"信"品格的继承和发扬,面对现代社会的诚信危机,我们可以从先人对诚信的恪守中反省自身的不足,以诚信为自己的为人之本,以诚信作为处理人际关系的准则,以诚信作为自己安家立业之基。诚信

(本文作者系郑州大学公共管理学院哲学系中国哲学专业研究生)

文／杨光

美国征信法律变迁的启示

一、美国征信法律的特点

一国法律的制定往往受到该国的风俗习惯、社会结构、文化特点等因素的影响。因此，各国国情的差别也必然体现在各国法律各具特点。

（一）征信法律的分散性

独立后的美国强调公民自由和小政府，注重行业自律，反对政府过多的监管。美国宪法中没有明确的隐私保护条款，只是在宪法第一、第三、第四和第九修正案等法律，或在诸如"受宪法第十四修正案第一章保护个人自由的概念"等只言片语体现隐私保护精神。[1] 时至今日，美国并没有制定类似《欧盟数据保护指令》这样较为严格的覆盖所有领域的数据采集、使用的一般性法规。美国涉及数据采集和使用的条款因领域不同而对应不同的法律。例如，在信用信息方面哪些可以获取、哪些属于机密或隐私，如何采集等问题上需要综合《信息自由法》《隐私权法》《公平信用报告法》和《统一商业秘密法》等多部法律法规。

与美国征信法律形成鲜明对比的是欧洲国家的《欧盟数据保护指令》。欧洲国家在第二次世界大战后得到一个重要教训就是保护个人隐私。第二次世界大战期间，纳粹德国能够肆意抓捕迫害犹太人、冻结侵占犹太人财产的一个重要原因就是能够轻易获得犹太人的居住、财产等隐私信息。因此，欧洲国家都信奉同一个理念——保护公民的数据隐私，视隐私权为人权的一部分。保护个人隐私被写入了许多欧洲国家的宪法。欧盟于1995年通过了《数据保护指令》，规定了有关信息隐私权的总体框架，该指令适用于包括信息收集、加工和储存的个人资料的处理，使用范围不仅包括征信活动，还包括医疗、市场营销等一系列涉及个人信息交易、共享、传播的活动，是欧盟范围内最重要的信用管理法律。

（二）信用监管机构多元化

与美国征信法律类似，美国没有一个专门的信用监管机构，监管权主要分属于5个政府部门——财政部货币监理局、美联储、联邦存款保险公司、联邦贸易委员会和国家信用联盟管理办公室。各监管部门依据法律监管各自的监管对象，但信用信息保护往往是其众多职能中的一部分。例如，联邦贸易委员会的职责是反对市场垄断，保护消费者权益，信用行业的监管只是其众多事务的一部分。其次，不仅在联邦层面，在州的层面也存在许多监管机构，甚至经常存在重复监管的现象。直到2012年，美国联邦政府根据《多德—弗兰克法案》整合了多个部门的消费者权益保护职能，将年收入大于700万美元的大型征信机构纳入消费者金融保护局管辖。与之相对应的是欧盟在欧洲理事会下设一个专门的机构部长委员会负责消费者个人资料隐私权的保护，欧盟各成员国也都成立了专门的独立机构负责数据隐私的保护。

（三）在同意权上主要采用"选退"方式

同意权是指个人享有是否同意征信机构采集或被他人、有关机构使用其信息的权利。目前，实现信息主体消费权的方式主要是"选进"（opt-in）和"选退"（opt-out）两种方式。所谓"选进"，是指在采集或利用信息主体信息前需要取得信息主体的同意。"选退"指除非信息主体明确提出拒绝采集或使用其信息，否则视其默许同意。美国征信监管法律在实现同意权上主要采用"选退"模式。例如，一些贷款机构或保险公司为了有针对性地向目标客户群推销产品需要定期向征信机构索取消费者信用信息，这不需要事先征得消费者同意，但消费者有权要求相关机构停止这一行为。而在欧洲，保险公司和贷款机构必须事先征得消费者同意。此外，在向非关联第三方共享个人信用信息、从事共同营销机构间信息共享等业务上，美国均采用"选退"方式。只有在公司因人员招聘需要查询信用信息以及贷款机构、保险机构查询信息主体医疗信息时才明确要求事先取得信息主体的书面同意。在应该使用"选退"还是"选进"条款的问题上，不仅在美国本土引发巨大争议，欧盟与美国就信息跨界流动谈判时明确指出美国在这一机制上与欧盟差别如此巨大，以至于欧盟拒绝承认《美国金融服务现代化法案》的"同意原则"效力等同于《安全港协议》②中的类似原则。学者普遍认为美国的征信立法更加着眼于促进征信业发展，而欧盟更加注重个人隐私保护。

（四）征信法律根据新业态和民众诉求不断修正

美国立法体系具有较快的响应能力。在立法初期，许多法律条款往往并不是最优的，但是美国立法机构会根据行业反馈、民众诉求迅速调整。表1展示了自1970年以来美、英、法、德四国的征信法律的修改次数。在1970年到2003年的30年间，美国征信法律先后大小修改多达20次，平均每年修改0.6次；而在此期间英、法、德三国修改次数均不超过5次，远低于美国。特别是在1990年至2000年的10年间，征信业快速发展，公众对征信业务发展所带来的个人隐私问题日益关注，美国立法机构先后14次修改相关法律以回应民众诉求和适应新的业态发展。

二、美国征信法律变迁

正如上文所提到的，美国征信法律体系的建立并不是一蹴而就的，而是通过在多部法律中引入相关条款并经历多次修改才形成一个较为完善的法律框架体系。

（一）《公平信用报告法》

在美国十六部与信用有关的法律中，《公平信用报告法》是迄今为止最重要的征信法律。该法于1970年制定，1971年4月实施，是在征信市场蓬勃发展，众多金融机构将个人信用报告或信用评分作为授信依据的历史条件下出台。它明确定义了征信机构，规范了报告制作、传播、对违约记录的处理等事项。在消费者隐私权方面，赋予信息主体知情权、同意权、重建信用记录权、异议权、救济权五项权利。最引人注目的是首次提出了合法取得信息主体信息报告的五种情况：1.信贷审查；2.聘用雇员的背景调查；3.承保保险公司信用调查；4.法院命令或联邦陪审团的传票；5.颁发牌照或发放社会福利的审查。

作为首部直接涉及征信业的法律，该法不可避免地存在不足与漏洞。首先，在异议权方面，该法仅规定消费者只能向征信机构提交异议，却忽略了向数据最终提供方——报数机构（银行、保险公司、电信运营商等）提交异议的情况。该法在数据质量上也没有明确要求报数机构应确保报送数据的及时、准确、完整。异议和数据纠错的主要承担者是征信机构。然而由于数据纠错所涉及的核查、更正、反馈需要一定的成本，这使得征信机构往往对消费者的异议诉求反应消极和被动。对于异议处理时限，该法也没有明确的表述，而是含糊表达为"应在合理的时间范围内"。这些漏洞给消费者异议带来了很多困难。联邦贸易委员会在1992年一份调查显示异议处理时限平均长达23个月。

在知情权方面，该法同样存在上述问题。它仅提出征信机构需要履行知情权，而对数据提供机构则完全没有提及。因此，消费者无法知道银行收集了自己哪些信息，这些信息又与哪些机构进行了分享。另一个重要的遗漏就是已经广泛运用的信用评分。消费者无法了解到自己在征信机构的信用评分，以及这些评分是如何测算出来的。

表1 信用法律修改次数

国家	监管机构个数	涉及信用法律个数	法律修改次数	平均每年修改次数
1970—2003年				
美国	5	3	20	0.6
英国	2	3	2	0.06
法国	2	2	2	0.06
德国	1	1	5	0.12
1990—2000年				
美国	5	3	14	1.4
英国	2	3	1	0.1
法国	2	2	2	0.2
德国	1	1	3	0.3

（二）《公平信用报告改革法》与《消费者报告就业说明法》

由于上述存在的问题，《公平信用报告法》并没有很好地保证消费者的异议权和知情权，并且伴随着信用报告行业内滥用情况越来越多地被公之于众，要求对《公平信用报告法》变革的社会呼声也日益高涨。1996年，时任美国总统克林顿签署了《公平信用报告改革法》，这是第一部对《公平信用报告法》作出修正和补充的法案。

该法明确要求征信机构必须就客户提交的异议展开调查，并将调查结果告知客户，同时免费提供一份信用报告。错误信息必须在30天内更正。为了避免客户因同一错误信息到多家征信机构重复提交异议，全国性的大型征信机构间建立了信息更正通知系统，只要其中一家更正了信息，就必须通过系统通知其他机构。

另一个重要变化是首次明确了报数机构的责任和义务。该法要求报数机构必须确保报送数据的准确性，在发现数据错误的情况下，不得将该数据报给征信机构。在已报送数据中发现数据错误时，必须通知相关征信机构。如果报数机构与消费者就报送数据产生异议，报数机构必须对该数据加以标示报送给征信机构。这些条款确保了报数机构报送数据的质量，使消费者的异议权有了全面保障。

第三个重要补充关于附属分支机构间交换的信用信息是否属于信用报告这一范畴的定义。在此前的《公平信用报告法》中对于这一问题没有给出明确解释，从而一直困扰着金融机构，特别是大型金融集团。《公平信用报告改革法》列出了不再被认为是信用报告的情况，认可了附属分支机构间的信息共享，但要求金融机构必须通知客户。

针对滥用情况越来越多的现象，该法细化了信用报告使用者的责任，如必须证明信用信息的使用目的，并保证不会滥用等。增加金融机构对消费者"不利行为"的定义，并规定此情况下履行告知义务的形式和范围。1998年出台的《消费者报告就业说明法》更是针对信用报告越来越广泛用于应聘者背景调查这一现象，规定雇主必须得到应聘者的书面授权才能获取信用报告。

鉴于该法增加了报数机构的义务和责任，将报数机构纳入该法监管对象，因此相应也扩大了征信业务的监管机构，在原来主要由联邦贸易委员会监管的基础上，增加了货币监理局和美联储（主要负责监管金融机构）。

总体而言，《公平信用报告改革法》与《消费者报告就业说明法》的出台，有效弥补了《公平信用报告法》的不足与漏洞，顺应了行业变化与民众诉求。

（三）《金融服务现代化法案》

1999年《金融服务现代化法案》的颁布是美国金融史上的重要事件。它标志着美国金融业以《格拉斯—斯蒂格尔法》为基础的分业经营模式的结束，银行、证券、保险跨界混业经营将成为普遍现实。虽然《金融服务现代化法案》是一部旨在促进金融市场发展、提高金融效率的法案，但它也有专门章节阐述对消费者隐私权的保护。

该法在信息流动的问题上与《公平信用报告法》互为补充。《公平信用报告法》主要针对的是金融机构与征信机构、附属机构间的信息流动；而《金融服务现代化法案》则重点强调金融机构与非附属第三方机构的信息共享问题。该法允许金融机构与附属保险公司、证券公司或法律允许的企业分享消费者信息；在消费者已获知并保证对第三者保密的前提下，允许金融机构与作为本机构代表或从事共同营销的非附属机构分享客户信息。为遏制可能出现的信息"导管转移"问题，该法规定：金融机构向非附属分支机构第三方转移信息后，第三方不得将该信息再转给他人，除非再流通对象是依据法律可以直接披露信息的对象。

在知情权方面，法案要求金融机构必须每年为其客户提供一份明确的隐私政策说明书，并在隐私政策说明书中阐明客户所拥有的"选退权"。但这一政策在具体执行过程中遭到了广泛批评。许多人认为大部分金融机构的隐私政策说明书所表述的内容使得普通消费者难以理解，其设计样式使法案授予的"选退权"难以执行。

此外，《金融服务现代化法案》还提出了"安全性原则"和"执行原则"。其中，"执行原则"要求各监管部门依据法律监管各自的监管对象，并提出执行权利属于联邦机构而非个人，也就是说消费者无权依据该法向金融机构提起民事赔偿，只能向监管机构申诉。

《金融服务现代化法案》的隐私权条款考虑到混业经营所带来的信息跨行业流动所产生的客户隐私保护问题，并针对这一问题作出了相关规范。但是在诸如同意模式、关联机构间信息共享等条款上被认为存在不足。在金融业隐私保护的议题上，美国一直希望欧盟承认其为消费者提供充分的保护，但欧盟坚持认为《金融服务现代化法案》不符合《安全港协议》原则。

（四）《公平及准确信用交易法》

2003年颁布的《公平及准确信用交易法》是继《公平信用报告改革法》后对《公平信用报告法》的又一次重要修正和补充。该法首要解决的是1996年修订案中的临时条款即将到期的问题。《公平及准确信用交易法》将这些临时条款变成永久条款，彻底解决了部分州的信用法律法规与《公平信用报告法》产生抵触的可能性，进一步加强了对消费者保护。

另外，自20世纪90年代末以来美国身份盗窃和欺诈案件持续高发，并由此带来消费者约五千多万美元的财产损失。③为了保护消费者免受身份盗用欺诈，该法规定：当消费者发现身份被盗用时，可以要求征信机构在信用报告上标注信用盗用及伪造的预警提示，该标注有效期为90天，但应消费者本人要求最多可延长至7年。对于来自于标示了预警提示的消费者信用申请，信贷机构需要采取"谨慎、合理的调查"以确认该申请是否来自消费者本人。贷款机构或保险公司也不得向标示了预警提示的消费者推销产品。商家在消费者的收据上只能打印卡号的后5位数字，禁止打印卡的到期日等敏感信息以防信息泄露。同时，对因身份盗用引起的不良信用信息，应采取措施恢复消费者的信用历史，如冻结身份盗用所产生的信息并将欺诈预警通知其他征信公司等。

在消费者知情权方面，该法规定消费者有权每年从信用报告机构获得一份免费的信用报告。更重要的是，消费者还可以免费获知自己的信用评分，以及该评分的生成日期、测评公司和对信用评分有负面影响的四个主要因素。

在信息使用方面，因发放信贷或承保而查询客户医疗信息的，必须取得客户的书面同意，即执行"选进"权。

上述5部法律构建了美国征信法律体系的主体框架，除此之外，涉及征信的法律还有《信用修复机构法》《公平债务催收作业法》《平等信用机会法》《多德—弗兰克华尔街改革与消费者保护法案》等多部法律。可以说美国是目前世界上征信法律框架最为完备的国家。

三、对我国的启示

2013年国务院颁布的《征信业管理条例》（以下简称《条例》）是我国首部国家级的征信业管理法规。然而，正如美国征信法律体系建立所展示的那样，一个完备的法律体系并不是一蹴而就的。信息主体权益的保护不仅需要法律保护，更需要有效的监管体系来执行。综上所述，美国征信法律体系的建立提供了以下四点启示：

(一)严格贯彻落实《征信业管理条例》,依法维护信息主体合法权益

一是依据相关法律法规,仔细甄别,严格把关。对于符合条件的征信机构,要按照相关程序和时限要求办理许可备案;对于不符合条件的机构不予许可备案。二是征信监管部门要定期开展现场或非现场检查工作,确保征信机构依法依规经营。三是对于违反法律法规,侵害信息主体合法权益的机构或个人,依法予以处理。

(二)加快制定《条例》的配套制度

《条例》相关规定比较原则,需要制定一系列配套制度。目前人民银行制定了《征信机构管理办法》,作为《条例》的重要配套制度。应进一步加快相关规章的制定,逐步形成以《条例》为主导,征信机构管理、征信业务管理、金融信用信息基础数据库管理为主体,由行政法规、规章、规范性文件和征信标准构成的多层次征信制度体系。

(三)法规制定要适应征信业新变化

当今互联网技术的进步,使征信业有了全新的技术支撑变化,市场上出现了基于大数据的征信业务。相比传统的征信机构,新的机构具有数据来源广、信息维度多、成本低等特点。

如果得以大规模应用,将从根本上改变征信机构信息获取方式和业务模式。监管部门应充分考虑这些新型机构的特点,根据《条例》的原则不断出台、修改完善相关法规制度,使信息主体权益保护能紧跟时代步伐。

(四)法规制定要反映民众诉求

近几年,随着金融产品不断创新丰富,金融犯罪手法也日益复杂和隐蔽化。身份盗用、金融欺诈案件呈日益高发态势。民众对这一现象日益关注。征信法规应针对此类案件,为消费者提供充分的预防和救济渠道。同时,要求数据提供和征信机构采取必要的安全措施,防止个人信息泄露、丢失和被非法获取等风险。诚信

(本文作者单位:中国人民银行广州分行)

注释

① Kyle. George Washington Iternational Law Reviwe,2004,36.
②《安全港协议》是美国与欧盟签订的协议,用于调整美国企业出口及处理欧洲公民的个人数据。
③ 联邦贸易委员会2003年调查。

参考文献

1. 王晓明:《征信体系构建制度选择与发展路径》,中国金融出版社2015年版。
2. 米勒:《征信体系和国际经济》,中国金融出版社2004年版。
3. 孙志伟:《国际信用体系比较》,中国金融出版社2014年版。
4. 闫海、张天金:《金融集团经营中消费者隐私信息的保护与利用——美国立法经验、评价及借鉴》,载《金融理论与实践》2013年第4期。
5. 徐淑芳:《征信体系的法律和监管框架:欧美的经验及借鉴》,载《上海金融》2009年第3期。
6. 梁志坚、张义东:《安全港、〈格朗—利奇金融服务现代化法案〉及金融服务的隐私问题》,载《经济资料译丛》2011年第3期。